Carl Lorentzen

Der Londoner Traktat vom 8. Mai 1852

Carl Lorentzen

Der Londoner Traktat vom 8. Mai 1852

ISBN/EAN: 9783743611412

Hergestellt in Europa, USA, Kanada, Australien, Japan

Cover: Foto ©ninafisch / pixelio.de

Manufactured and distributed by brebook publishing software
(www.brebook.com)

Carl Lorentzen

Der Londoner Traktat vom 8. Mai 1852

Der

Londoner Traktat

vom 8. Mai 1852.

Von

Dr. Karl Lorentzen.

Berlin.
Verlag von J. Guttentag.
1863.

Der Londoner Traktat.

Für die schleswig=holsteinische Frage giebt es nur eine Lösung, von welcher man sich eine dauernde Beruhigung versprechen darf. Man muß die Elemente, welche in einem gemeinsamen Staatswesen nicht friedlich zusammen existiren können, von einander scheiden, oder vielmehr, man muß den natürlichen Scheidungsprozeß nur nicht hemmen wollen. Die einzige richtige Lösung der Frage ist die Trennung der Herzogthümer von Dänemark; — nicht etwa blos eine legislative und administrative Trennung, sondern die vollständige dynastische Trennung. Jedes andere Mittel ist nur ein Palliativ. Man kann es vielleicht dahin bringen, daß die nichtswürdige Barbarei, mit der jetzt die Schleswiger mißhandelt werden, etwas gemildert wird. Aber die Krankheitsursache ist nicht entfernt, so lange man an der Idee des sogenannten dänischen Gesammtstaats festhält. Erst wenn der König von Dänemark nicht mehr Herzog von Schleswig=Holstein sein wird, wird ein gutes Vernehmen zwischen Deutschland und Dänemark hergestellt werden können.

Im Jahre 1852 glaubte die europäische Diplomatie die deutsch= dänische Streitfrage, welche seit einer Reihe von Jahren den Norden Europa's in Gährung versetzte, für die Zukunft gänzlich erledigt zu haben. Aber in solchen Hoffnungen und Erwartungen hat man sich vollständig getäuscht. Das Abkommen von 1852 beruhte auf der Idee des Gesammtstaats; es hat nur dazu beigetragen, beide streitende Theile noch mehr gegen einander zu erbittern und aufzuregen, ohne auch nur im Entferntesten die Ursache des Streits zu beseitigen. Der kleine Gesammtstaat konsumirt seitdem seine ganze Kraft damit, daß die eine Hälfte desselben gegen die andere den empörendsten Druck ausübt. In den mißhandelten Herzogthümern wächst täglich die Erbitterung der Gemüther und die Unleidlichkeit der Zustände; die Parteien in Dänemark aber sind dennoch nicht zufrieden gestellt. Die Ursache der Zerrüttung und Verwirrung liegt nicht so sehr in den leitenden Personen, als in den Verhältnissen. Die grobe brutale Art, die grenzenlose Willkür, mit der in Kopenhagen die Dinge angefaßt werden, hat die Krisis beschleunigt; aber selbst eine weise, besonnene und rücksichtsvolle Regierung hätte das Uebel nur für eine Zeit lang verdecken können.

Denn es ist eine Absurdität, zu glauben, daß eine Gesammtstaatsverfassung im Stande sei, die Schäden und Gebrechen der dänischen Monarchie zu heilen und das morsche Staatsgebäude derselben vor dem Zusammensturz zu schützen. Die gesammte dänische Monarchie zählt etwa zwei und eine halbe Million Einwohner. Die größere Hälfte von diesen gehört der skandinavischen, die kleinere Hälfte der deutschen Nationalität an. Die Monarchie besteht aus dem eigentlichen Königreiche Dänemark, zu welchem die weit vom Mutterlande entfernt liegenden und von einer verschiedenen Nationalität bewohnten Nebenländer Island und die Färöer gehören; sodann aus dem Herzogthum Schleswig, welches eine eigenthümliche Mittelstellung zwischen Dänemark und Deutschland einnimmt und ein völkerrechtlich garantirtes Recht auf Selbstständigkeit und Gleichberechtigung mit den übrigen Theilen der Monarchie besitzt; endlich aus den beiden ganz deutschen und zum deutschen Bunde gehörigen Herzogthümern Holstein und Lauenburg. In der so zusammengesetzten Monarchie soll jeder einzelne Theil seine eigene Verfassung, alle Theile zusammen aber eine gemeinsame Verfassung haben. Wer sollte nicht einsehen, daß in einem so komplizirten Staatsgebäude von vornherein der Keim der Auflösung liegt? In der kleinen dänischen Monarchie bestehen gleichzeitig neben einander nicht weniger als sieben verschiedene Verfassungen mit acht repräsentativen Versammlungen, und mit einem Gesammt-Ministerium, von welchem ein Theil, nämlich die Minister für Inneres,

Kultus und Justiz, dem dänischen Reichstag verantwortlich sind. Die übrigen Minister, für Auswärtiges, Finanzen, Krieg und Marine, sind für einen Theil ihrer Geschäfte dem sogenannten Rumpfreichs=rath, für einen anderen Theil nur dem Könige allein, oder richtiger gar nicht verantwortlich. Eine solche monströse Verfassung muß zu fortwährenden Konflikten zwischen den verschiedenen Nationalitäten und den einzelnen repräsentativen Versammlungen, und wiederum zwischen diesen und der Regierung führen. Der größte Staatsmann der Welt würde nicht im Stande sein, unter solchen Verhältnissen auf die Dauer mit Erfolg das Staatsruder zu führen. Was die Dänen wollen, ist den Deutschen zuwider; was die Deutschen wünschen, wird von den Dänen bekämpft. So lange Hall und Lehmann regieren, wird ganz natürlich gegen die Herzogthümer die brutalste Willkür geübt. Kämen einmal Männer wie Reventlou und Beseler an's Ruder, was doch in einem Gesammtstaat immerhin möglich sein müßte, so würden sie damit anfangen müssen, in Dänemark den Belagerungszustand zu erklären. So entsteht aus dieser unnatürlichen Staatseinrichtung nichts als gegenseitiges Mißvergnügen und gegenseitige Erbitterung, und die besten Kräfte reiben sich in diesem hoffnungslosen Kampfe auf. Eine Personalunion der Herzogthümer mit Dänemark war nur möglich unter einem faktisch absoluten Regimente; sobald die Entwickelung zur konstitutionellen Staatsform fortgeschritten ist, muß sich von einander scheiden, was naturgemäß nicht zusammengehört.

Wer eine andere Lösung, als die Aufhebung jeder Union der Herzogthümer mit Dänemark im Auge hat, der hat noch nicht die Ele=mente der Frage begriffen. Auch Deutschland kann in seinem eigenen Interesse sich nur bei einer vollständigen dynastischen Trennung Schles-wig=Holsteins vom Königreich beruhigen. Denn wenn man in Deutsch=land Theilnahme für das Schicksal der Herzogthümer empfindet, so ist das doch nicht etwa blos eine mitleidige oder sentimentale Theil=nahme, welche über die Missethaten der „schwarzen Gensd'armen" oder der dänischen Zuchthauskandidaten, die als Beamte nach Schleswig geschickt werden, eine gelinde Entrüstung empfindet. Die Schleswig=

Holsteiner erwarten von Deutschland die politische Theilnahme, welche auf der Einsicht von der Wichtigkeit dieser Lande für die Zukunft Deutschlands beruht. Es handelt sich in den Herzogthümern in erster Linie nicht um eine Frage des konstitutionellen Rechts, sondern um eine politische Machtfrage. Wäre es den Schleswig-Holsteinern nur um ein größeres Maß konstitutioneller Freiheiten zu thun, so könnten sie nichts Klügeres thun, als sich eilig den Dänen in die Arme zu werfen. Aber sie wollen sich von ihrem Mutterlande nicht losreißen lassen: das ist der Gegenstand des Kampfes. Wir können nie von dem Gedanken ablassen, daß es einmal wieder eine deutsche Politik geben wird. Vom Standpunkt einer deutschen Politik aber handelt es sich nicht darum, ob die Holsteiner etwas mehr oder weniger Steuer= bewilligungsrecht haben sollen, oder ob die Schleswiger ihre Kinder von deutschen Lehrern dürfen unterrichten lassen, sondern die Frage ist: Sollen diese Lande zwischen der Ostsee, der Elbe und der Nord= see, auf deren Besitz die ganze Zukunft einer deutschen Marine be= ruht, innerhalb des deutschen oder eines fremden Machtbereichs liegen? Sollen sie im Fall eines Krieges eine Verstärkung der deutschen Macht bilden, oder ein gefährlicher in das deutsche Gebiet hineinge= schobener Keil sein? So lange der Fürst, welcher unmittelbar vor den Thoren von Hamburg regiert, zugleich auf dem dänischen Throne sitzt, ist die Zugehörigkeit Holsteins zum deutschen Bunde nichts als eine staatsrechtliche Fiktion. Einige deutsche Generale erhalten da= durch das Recht, zu bestimmten Terminen die dänischen Truppen zu inspiziren, welche unter dem Namen eines deutschen Bundeskontingentes in Holstein stehen. Für den Fall eines Krieges aber würde dieses sogenannte Bundeskontingent nicht gegen den Feind Deutschlands, sondern gegen den Feind Dänemarks marschiren. Während der deut= schen Freiheitskriege mußten holsteinische Truppen noch im Jahre 1814 als Bundesgenossen Frankreichs gegen Deutschland kämpfen. Diese Schmach kann sich in jedem Augenblick wiederholen. So lange die Union besteht, werden die Herzogthümer in allen auswärtigen Fragen den Bahnen folgen müssen, welche das einseitige dänische Interesse verlangt.

Die Aufhebung der Personalunion zwischen Schleswig-Holstein und Dänemark liegt also im Interesse Deutschlands, der Herzogthümer und selbst Dänemarks. Keine Fügung konnte günstiger sein, als wenn der legitime Gang der Erbfolgeordnung in vollkommen ruhiger Weise die Trennung der Herzogthümer von dem Königreiche herbei= führte, ähnlich, wie im Jahre 1837 die Krone Hannover wieder von der Krone Großbritannien getrennt wurde. Ein solches glückliches Ereigniß schien in naher Aussicht zu stehen. Der Mannsstamm des Königs Friedrich III. steht nur noch auf vier Augen. Der jetzige König Friedrich VII. und sein Oheim Prinz Ferdinand sind die letz= ten männlichen Sprossen aus dem Stamm Friedrich's III. Beide sind kinderlos. Prinz Ferdinand, geboren 1792, ist jetzt 70 Jahre alt. König Friedrich VII., geboren 1808, war zweimal ebenbürtig, und ist jetzt zum drittenmal, diesmal in morganatischer Ehe, vermählt. Von seinen beiden ersten Gemahlinnen ist er geschieden, ohne mit ihnen Kinder erzeugt zu haben. Sollte seine jetzige Ehe mit der Gräfin Danner, gebornen Rasmussen, noch beerbt werden, so könnte das für die Thronfolge keine Bedeutung haben.

Somit wird also der Mannsstamm Friedrich's III. in einer nicht allzu fernen Zukunft aussterben. In demselben Moment aber würde nach legitimem Erbrecht die Personalunion zwischen Dänemark und den Herzogthümern aufhören müssen. Denn die Erbfolgeordnung ist für beide Länder nur so lange dieselbe, als der Mannsstamm Friedrich's III. besteht.

Die Herzogthümer hatten, als ihre Lehnsverbindungen, die Schles= wigs 1658, die Holsteins 1806, aufhörten, als Mannlehen die agna= tische Succession im Hause des ersten Erwerbers. Erster Erwerber war Christian I., König von Dänemark, welcher im Jahre 1460 von dem schleswig-holsteinischen Landtage zum Landesfürsten gewählt wurde. Er ist der Stammvater des ganzen oldenburgischen Hauses, und es erhielt daher der ganze Mannsstamm desselben ein durch ihn begrün= detes Erbfolgerecht in den beiden Herzogthümern. Verschiedene Ver= träge hatten es anerkannt und fester bestimmt; Primogeniturordnungen von 1608, 1633 und 1650 hatten, nach Erlöschung des Wahlrechts in den drei Hauptlinien, die Erbfolgeordnung nach der Erstgeburt geordnet. Die Reihenfolge, in welcher das Recht zur Thronfolge innerhalb des oldenburgischen Gesammthauses vererbt, ergiebt sich aus folgendem. Das oldenburgische Haus theilt sich in zwei Hauptlinien, die königliche und die gottorfische Linie. Die königliche Linie theilt sich in eine ältere Linie, welcher der jetzt regierende König und der Prinz Ferdinand angehören, und in eine jüngere, welcher die herzoglichen Häuser von Augustenburg und Glücksburg angehören. Die gottorfische Linie theilt sich in drei Speziallinien. Die älteste von diesen ist das kaiserlich russische Haus, dann folgt die schwedische Linie, von welcher aber nur noch Prinz Gustav von Wasa als der letzte männliche Sproß am Leben ist, endlich die großherzoglich oldenburgische Familie. Die königliche Hauptlinie muß ausgestorben sein, ehe die Successionsrechte der gottorfischen wirksam werden. Also folgt in den Herzogthümern Schleswig-Holstein der älteren königlichen Linie die augustenburgische, dieser die glücksburgische, sodann die russische, darauf die schwedische (Prinz Gustav von Wasa), und endlich die großherzoglich-oldenburgische; in jeder dieser Linien aber gilt der Vorzug der Erstgeburt.

Anders im Königreich Dänemark. Dieses war zur Zeit Christian's I. ein Wahlreich und blieb dies noch zwei Jahrhunderte bis zum Jahr 1660. Wenn während dieser Zeit der dänische Reichsrath einen Anderen, als den nächsten Erben der Herzogthümer, zum Könige von Dänemark gewählt hätte, so würde damals Schleswig-Holstein von Dänemark getrennt worden sein. Erst seit 1660 ist die Krone im Königreich Dänemark erblich geworden. Damals brach König Friedrich III. mit Hülfe des Bürgerstandes die übermäßige Gewalt des Adels und begründete durch das dänische Königsgesetz den vollkommensten und konsequentesten Absolutismus, welcher je in der Welt existirt hat. Die Erbfolge in Dänemark wurde durch das Königsgesetz so geordnet, daß die Krone erblich wurde in der männlichen und weiblichen Linie Friedrich's III. Der Mannsstamm sollte dem

Weiberstamm vorgehen. Wenn aber der Mannsstamm ausstirbt, so sollen die Weiberstämme folgen. Für den jetzt vorliegenden Fall ist bestimmt, daß, wenn der letzte König auch keine Töchter hinterläßt, diejenige Prinzessin von Geblüt folgen soll, welche ihm von Vater= seite am nächsten verwandt ist. Dies würde gegenwärtig die Vaters= schwester des jetzigen Königs, die Landgräfin Charlotte von Hessen sein, vorausgesetzt, daß sie den König und den Prinzen Ferdinand überlebt. Dies aber ist nicht wahrscheinlich. Denn die Landgräfin Charlotte, geboren 1789, ist jetzt 73 Jahre alt; der König, geboren 1808, ist 54 Jahre alt. Stirbt die Landgräfin Charlotte vor dem König oder dem Prinzen Ferdinand, so hat weder ihr Sohn, der Prinz Friedrich von Hessen, noch eine ihrer drei Töchter das nächste Erbrecht an die dänische Krone; sondern dieses Erbrecht geht über an die beiden Töchter König Friedrich's VI. Von diesen ist die ältere vermählt mit dem jetzigen Erbprinzen Ferdinand; die jüngere ist die erste geschiedene Frau des jetzigen Königs und ist in zweiter Ehe ver= mählt mit dem Herzog Karl von Glücksburg. So ist die Bestim= mung des dänischen Königsgesetzes, nach welchem das Weib vom Manne unbedingt dem Manne vom Weibe vorgehen soll. Also gehen die Töchter Friedrich's VI., welche Weiber vom Manne sind, unbe= dingt dem Prinzen Friedrich von Hessen vor, der ein Mann vom Weibe ist.

So ist das legitime Erbrecht in Dänemark und in den Herzog= thümern. Um die Verschiedenheit in einem Satze nochmals kurz anzugeben: in Dänemark ist erbberechtigt, wer agnatisch oder kogna= tisch von Friedrich III. abstammt; in Schleswig=Holstein ist erbbe= rechtigt, wer agnatisch von Christian I. abstammt.

Diesem legitimen Erbrecht stand das europäische Vorurtheil ent= gegen, daß die Erhaltung der Integrität der dänischen Monarchie im allgemeinen europäischen Interesse wünschenswerth sei. Dieses Vor= urtheil haben die fünf Großmächte höher gehalten, als das Prinzip der Legitimität. In dem Londoner Traktat vom 8. Mai 1852 hat die europäische Diplomatie das Prinzip der Legitimität einer vermeint=

lichen europäischen Konvenienz zum Opfer gebracht. Der Londoner Traktat ist unterzeichnet von den Vertretern von Oesterreich, Frankreich, England, Preußen, Rußland, Schweden und Dänemark. Die genannten Mächte erkennen das Prinzip der Integrität der dänischen Monarchie als unwandelbar an, und verpflichten sich, für den Fall, daß der Mannsstamm des Königs Friedrich III. erlöschen sollte, den Prinzen Christian von Glücksburg und seine aus der Ehe mit der Prinzessin Luise von Hessen in gerader Linie entsprossenen männlichen Deszendenten als erbberechtigt für die Gesammtheit der gegenwärtig unter dem Szepter des Königs von Dänemark vereinigten Lande anzuerkennen. Der Londoner Traktat stellt also einen Prinzen, der weder in Dänemark noch in den Herzogthümern der zunächst Berechtigte war, als Thronfolger für die gesammte Monarchie auf. Auf Grundlage dieses Traktats wurde sodann das sogenannte Thronfolgegesetz für die dänische Monarchie vom 31. Juli 1853 erlassen.

Der Prinz von Noer zieht in seinen kürzlich erschienenen „Aufzeichnungen" aus diesem Vorgang die nachstehende Moral: „Ein Diplomaten=Kongreß maßte es sich an, zehn Erbberechtigte zu ignoriren und den elften als Thronfolger zu proklamiren. Welche Folgerungen sind hieraus zu ziehen? Erstlich, daß das Recht von Gottes Gnaden nicht mehr existirt (denn dieses kann doch nur bedeuten, daß derjenige, den Gott in dem Erbrecht hat geboren werden lassen, nicht durch menschlichen Beschluß oder physische Gewalt daraus verdrängt werden darf). Zweitens, daß ein oder der andere Machthaber, der einen Thron zu seinem Vortheil oder nach seiner Laune anders besetzt wünscht, das Recht hat, im Verein mit anderen Mächten die Neubesetzung vorzunehmen. Drittens, daß es den Unterthanen gleichfalls freisteht, ihre Herrscher zu entlassen oder zu vertauschen; denn am Ende haben diese doch das größte Interesse dabei, wer auf dem Throne ihres Landes sitzt." So urtheilt ein Mitglied eines souveränen Hauses. Wir unsererseits können es den zunächst Betheiligten überlassen, sich die Konsequenzen weiter auszumalen, welche gelegentlich daraus gezogen werden können, daß die Vertreter der fünf Groß=

mächte durch einen feierlichen Traktat nicht etwa eine bereits geschehene Verletzung der Legitimität nachträglich anerkannt, sondern vielmehr selbst aus freiem Antrieb das Legitimitätsprinzip über den Haufen geworfen haben.

Wir haben es hier mit den rechtlichen und thatsächlichen Konse= quenzen zu thun, welche sich für Deutschland und speziell für die Herzogthümer aus dem Londoner Traktat und aus dem sogenannten Erbfolgegesetz ergeben. Es wird sich zeigen, daß für die neue Suc= cessionsordnung eine genügende Rechtsgrundlage in keiner Weise ge= sichert ist, und ferner, daß außer Rußland keine Macht ein Interesse an der Durchführung des Gedankens haben kann, der dem Londoner Traktat zu Grunde liegt.

In der That ist dieser Traktat nur durch eine seit lange vorbe= reitete russische Intrigue zu Stande gekommen. Wir müssen dieselbe wenigstens in ihren Hauptzügen verfolgen. Unter König Christian VIII. konnte man sich nicht länger verhehlen, daß die Gefahren des Erb= ganges in naher Aussicht standen. Auch die zweite Ehe des dama= ligen Kronprinzen, des jetzigen Königs, mit der Prinzessin Caroline von Mecklenburg=Strelitz blieb unbeerbt; nach fünfjähriger Dauer wurde sie auf königlichen Befehl „wegen ganz niedergebrochener Ge= sundheit der Kronprinzessin" wieder aufgelöst. Der König wünschte, den gesammten Bestand der Monarchie für immer bei einander zu halten und also die Frage über die Erbfolge im Geist des Gesammt= staats zu lösen. Der natürlichste und einfachste Weg zu diesem Ziele wäre gewesen, durch Unterhandlungen mit den zunächst Betheiligten, mit den in den Herzogthümern berechtigten Agnaten und mit den im Königreich berechtigten Kognaten eine Verständigung zu Stande zu bringen, und zu einer solchen Verständigung sodann die Zustimmung der Mächte und des Landes zu erlangen. Aber dieser offene Weg entsprach dem Charakter des Königs wenig. Christian VIII. war ein Mann von ungewöhnlicher Begabung und von einer umfassenden Bildung, wie sie in so hohen Kreisen nicht häufig gefunden wird. Aber je feiner empfindlich er nach der ästhetischen Seite war, desto weniger war er es nach der moralischen. An seinen Absichten hing er mit großer Zähigkeit fest. Mit Kühnheit oder Offenheit für dieselben einzutreten, lag nicht in seiner Natur. Vielmehr liebte er es, unermüdlich auf Umwegen leise zu erreichen, was gradeaus erstrebt bösen Schein und Unannehmlichkeiten mit sich gebracht, Anstrengung und Willenskraft gefordert hätte. Von überwiegendem Einfluß auf ihn war seine Schwester die Landgräfin Charlotte von Hessen. Den Einwirkungen dieser intriganten Frau wird es vorzugsweise zuzuschreiben sein, daß Christian VIII. die Lösung der Erbfolgefrage im kognatischen Interesse erstrebte, während ohne Zweifel eine Lösung im agnatischen Interesse geringere Schwierigkeiten gehabt haben würde. Schon im Anfang der vierziger Jahre war es nicht unbekannt, daß der Sohn der Landgräfin Charlotte, Prinz Friedrich von Hessen, derjenige Fürst war, welchen der Kopenhagener Hof damals als Thronfolger für die gesammte Monarchie in Aussicht nahm.

Im Jahre 1843 erschien der russische Reichskanzler, Graf Nesselrode selbst ganz unerwartet in Holstein zu einem Besuch bei dem Grafen Blome in Heiligenstedten, einem Staatsmann, welcher lange Zeit dänischer Gesandter in Petersburg gewesen war und in hohem Grade das Vertrauen des Kaisers Nicolaus und des Königs Christian VIII. besaß. Diese Reise des Grafen Nesselrode blieb nicht unbeachtet; die Erklärung ließ nicht lange auf sich warten. Schon im Juli 1843 erfuhr man, daß Prinz Friedrich von Hessen, der Schwestersohn des Königs, verlobt sei mit der Großfürstin Alexandra, der Tochter des Kaisers Nicolaus. Die Vermählung erfolgte im Januar 1844. Das System der russischen Vermählungen ist bekannt. Diese Heirath durfte als ein Programm der künftigen russisch-dänischen Politik gelten; in der Diplomatie wurde sie so aufgefaßt. Ob und welche besondere Verabredungen diese Verbindung begleiteten, wissen wir nicht. Welche Pläne aber auch daran geknüpft gewesen sein mögen, sie wurden vereitelt durch den frühen Tod der Großfürstin Alexandra, welche schon im August 1844 starb. Den Gedanken aber, welcher durch diese Heirath hätte gefördert werden sollen, verlor die russische Politik nie aus den Augen.

Im Juli 1846 erließ Christian VIII. den bekannten Offenen Brief über die Erbfolge. In den Herzogthümern scheiterten alle Pläne des Königs an dem einmüthigen Widerstand der Bevölkerung. Gleichzeitig suchte der König durch diplomatische Verhandlungen die Zustimmung der Mächte zu der von ihm proklamirten Erbfolge zu erlangen. Als Motiv ward die Wichtigkeit, welche die Erhaltung der Integrität der dänischen Monarchie für das europäische Staaten= system habe, vorangestellt. Erklärte man sich im Prinzip für diese Integrität, so mußte für die Mächte weiter zur Frage kommen, ob im europäischen Interesse die Aufrechterhaltung legitimer Erbfolge, oder die Behauptung - des jeweiligen zufälligen Territorialbestandes wichtiger erscheine. Aus den Verhandlungen, welche damals geführt wurden, ist wenigstens Einiges bekannt geworden. Preußen und Oesterreich sprachen sich im Allgemeinen für das Prinzip der Inte= grität der Monarchie aus; aber die der Durchführung desselben ent= gegenstehenden agnatischen Rechtsansprüche seien nur auf dem Wege der Verhandlungen und durch freiwilligen Verzicht der Berechtigten zu beseitigen; im Falle der Kollision dürften die agnatischen Rechts= ansprüche dem Prinzip der Integrität der Monarchie nicht unterge= ordnet werden. So dachte man noch im Jahre 1847 in Wien und Berlin; fünf Jahre später sanktionirte man durch den Londoner Traktat den entgegengesetzten Grundsatz. Wie England und Frank= reich sich damals zu dieser Frage stellten, ist nicht bekannt geworden. Vielleicht stand es mit derselben in Verbindung, daß unmittelbar vor dem Erscheinen des Offenen Briefes Herr Guizot den Elephanten= Orden erhielt, wie damals ausdrücklich hervorgehoben wurde: der erste Bürgerliche, dem je dieser höchste dänische Orden ertheilt ist.

Rußland hatte von Anfang an eine besondere Stellung zur dänischen Erbfolgefrage. Der Kaiser von Rußland ist der Chef der ältesten Linie des gottorfischen Hauses, und hat als solcher agnatische Erbansprüche an Schleswig=Holstein. Er gehört also mit zu den in den Herzogthümern Erbberechtigten; aber seine Erbansprüche können nicht wirksam werden, wenn nicht zuvor außer der älteren königlichen Linie auch die beiden Zweige der jüngeren königlichen Linie (Augustenburg und Glücksburg) erloschen sind. Es lag daher in diesen russischen Erbansprüchen keine besondere Gefahr für Europa. Diese Gefahr war aber vorhanden, sobald man die Häuser Augustenburg und Glücksburg zwischen der älteren königlichen Linie und dem russischen Kaiserhause fortschob. Grade dies aber war es, was Christian VIII. versuchte. Im Jahre 1845 schrieb er ohne Vorwissen seiner Minister einen eigenhändigen Privatbrief an den Kaiser von Rußland, in welchem er sich dahin aussprach, daß das Erbrecht auf den einst großfürstlichen Antheil Holsteins im Fall, daß die derzeit regierende königliche Linie im Mannsstamm ausstürbe, der russischen Linie zustehe. Ganz im Widerspruch mit dieser Aeußerung des Königs steht das Gutachten der vom Könige selbst ernannten Kommission, welche mit einer Prüfung aller die Erbfolgefrage betreffenden Dokumente und mit einer Untersuchung aller darauf bezüglichen Verhältnisse beauftragt war. Leider ist der Bericht dieser Kommission bis jetzt noch nicht veröffentlicht; die dänische Regierung muß sehr triftige Gründe haben, ihn zu verheimlichen. Aber gewiß ist, daß die Erbfolge=Kommission dem russischen Hanse nicht solche unmittelbare Erbansprüche auf den ehemals gottorfischen Antheil von Holstein zuspricht. Christian VIII. handelte hier ganz seinem Charakter gemäß. Um die Berechtigten ihres Rechtes zu berauben, schob er einen Theil dieses Rechtes einem Unberechtigten zu, in der Hoffnung, diesen Theil später wieder, wenn auch mit Opfern, zurückkaufen zu können. Indem Christian VIII. Rußland einen unmittelbaren Erbanspruch auf einen Theil von Holstein (und zwar gerade auf denjenigen Theil, zu welchem der Kieler Hafen gehört) zusprach, hoffte er für den Rest von Holstein die Zustimmung Rußlands zur Geltung der Erbfolgeordnung des dänischen Königsgesetzes zu gewinnen. Von Petersburg kam damals, so viel man weiß, eine ausweichende Antwort: Rußland werde gerne die Hand zur Vermittelung mit den jüngeren Linien des gottorfischen Hauses im Interesse der Integrität der dänischen Monarchie bieten. Aber die Andeutung, welche Christian VIII. gemacht hatte, wurde in Petersburg nicht vergessen. Wir werden die Konsequenzen derselben im Jahre 1851 beim Warschauer Protokoll wiederfinden.

Unterdessen brach 1848 der deutsch-dänische Krieg aus. Es liegt außerhalb des Bereichs der gegenwärtigen Erörterung, die Wechselfälle dieses Krieges zu verfolgen. Derselbe stand zur Erbfolgefrage wenigstens nicht in einer unmittelbaren Beziehung. Er war veranlaßt durch die in Folge der Kopenhagener Märzrevolution proklamirte Einverleibung Schleswigs in Dänemark. Um das Recht Holsteins auf die Union mit Schleswig zu schützen, griff Deutschland zu den Waffen. Das Objekt des Kampfes war also das Herzogthum Schleswig. Es wird noch erinnerlich sein, wie Rußland vom Anfang des Krieges an in der feindseligsten Weise auf Preußen drückte. Dieser Druck begann mit dem Einmarsch Wrangel's in Jütland und währte ununterbrochen bis an's Ende des Krieges. Aber den Plänen der damaligen dänischen Wortführer war Rußland eben so wenig geneigt, als dem Auftreten Preußens für Schleswig-Holstein. Das Feldgeschrei der damals in Kopenhagen herrschenden Partei war „Dänemark bis zur Eider". Die dänische Gier nach Schleswig steht in Zusammenhang mit der skandinavischen Idee, mit dem Gedanken einer zu erzielenden engen Verbindung Dänemarks mit Schweden und Norwegen. Zu dieser skandinavischen Union wollte Dänemark das Herzogthum Schleswig als „Morgengabe" mitbringen. Der russischen Politik aber sagte es keineswegs zu, daß durch eine Vereinigung der drei skandinavischen Reiche eine Macht gebildet werde, welche in der Ostsee ein stärkeres Gegengewicht gegen Rußland würde darbieten können. Vielmehr lag ihr daran, daß Dänemark vorläufig als eine besondere europäische Macht fortbestehe, aber zugleich, daß es durch seine Schwäche verhindert werde, sich dem russischen Einfluß zu entziehen. Aus diesem Grunde war Rußland von Anfang an für den sogenannten Gesammtstaat. Denn der dänische Gesammtstaat

2

ist der in Permanenz erklärte Kampf des deutschen gegen den dä=
nischen Theil der Monarchie, als ein Zustand, in welchem die beiden
Theile der Monarchie ihre besten Kräfte nutzlos gegen einander auf=
reiben müssen.

Im Jahre 1848 war England die vermittelnde Macht zwischen
Deutschland und Dänemark. Damals stand Lord Palmerston weit
mehr auf deutscher als auf dänischer Seite. Im Juni 1848 schlug
er eine überaus verständige und richtige Friedensbasis vor. Sein
Vorschlag war ein alternativer. Entweder sollte Schleswig nach den
Nationalitäten getheilt werden, der Norden an Dänemark, der Süden
an Deutschland fallen; oder ganz Schleswig sollte in einer gemein=
samen Verfassung mit Holstein vereinigt werden, wobei Holstein ein
Glied des deutschen Bundes bleiben, Schleswig aber nicht in den
Bund aufgenommen werden sollte. Leider kam damals auf keiner
dieser beiden Grundlagen eine Vereinbarung zu Stande.

Nach Abschluß des Malmöer Waffenstillstandes im Winter von
1848 auf 1849 machte sich zuerst der russische Einfluß in den Un=
terhandlungen deutlicher bemerkbar. Der faktische Zustand in den
Herzogthümern während dieses Waffenstillstandes gestaltete sich weit
günstiger, als man vorher geglaubt hatte. Unter der aus patriotischen
Männern zusammengesetzten gemeinsamen Regierung gelang es, die
Rüstungen mit Energie zu fördern und ein vollkommen schlagfertiges
schleswig=holsteinisches Armeekorps von 20,000 Mann auf die Beine
zu bringen. Aber während die Herzogthümer sich rüsteten, verschlim=
merte sich täglich die europäische Lage. Durch die Art, wie es die
schleswig=holsteinische Sache behandelte, fing Deutschland an, sich selbst
aufzugeben. Sobald Preußen und die Centralgewalt in dieser Frage
sich schwach und nachgiebig zeigten, war die Sache für Rußland reif
geworden. Von da an ist Rußland der offene und überall geschäf=
tige Freund und Beschützer Dänemarks. Nicht freilich des Dänemarks,
in welchem das Kasino=Ministerium herrschte. Im November 1848
erfolgte in Dänemark unter russischem Einfluß ein Ministerwechsel.
Die Häupter der Eiderpartei, Hvidt, Lehmann, Tscherning, Monrad,

schieden aus dem Kabinet. Das neue Ministerium hatte weit mehr eine gesammtstaatliche Färbung. Während nun die deutschen Dinge mit stets beschleunigter Eile ihrem Verfall entgegengingen, sah Rußland seine Zeit gekommen, und schlug die sogenannte Selbstständigkeit Schleswigs als Friedensbasis vor. Das deutsche Reichsministerium entschloß sich am 3. Februar 1849, diese Basis anzunehmen. Mit diesem Schritt war das Fundament der schleswig-holsteinischen Sache und das deutsche Interesse an derselben aufgegeben. Die Friedensbasis vom 3. Februar 1849 ist der Keim der beklagenswerthen Zustände, in denen sich jetzt das Herzogthum Schleswig befindet.

Am 26. März 1849 erlosch der Malmöer Waffenstillstand. Der Krieg wurde wieder eröffnet mit den glänzenden Tagen von Eckernförde und Kolding. Aber dann folgte unter Führung des General v. Prittwitz jener denkwürdige Feldzug, bei welchem nur das Eine zweifelhaft geblieben ist, ob mehr die Kriegführung sich die Aufgabe gestellt hatte, die Diplomatie zu lähmen, oder ob mehr die Diplomatie dazu bestimmt war, auf die Kriegführung in der Weise einzuwirken, daß dem Feinde um keinen Preis irgend ein Nachtheil zugefügt werde. Jedenfalls wurde beides erreicht. Das Resultat waren die zu Berlin am 10. Juli abgeschlossenen Friedenspräliminarien nebst einem Waffenstillstand. Nach dem Verfall der Reichsgewalt hatte Preußen im Mai 1849 die Leitung des Kriegs und der Unterhandlungen wieder in die Hand genommen. Die Unterhandlungen wurden zu Berlin unter der formellen Vermittelung Englands geführt; aber in Wirklichkeit war der Einfluß Rußlands dabei überwiegend. Durch die am 10. Juli unterzeichneten Präliminarien gab Preußen formell das Recht der Herzogthümer auf; Schleswig unter Anerkennung einer gewissen provinziellen Selbstständigkeit sollte in Verfassung und Verwaltung von Holstein getrennt und politisch mit Dänemark verbunden werden; nur materielle Interessen sollte es mit Holstein gemein haben können. Dabei war aber doch noch bestimmt, daß diese Friedenspräliminarien „weder der Frage wegen der Erbfolge, noch den eventuellen Rechten dritter Personen präjudiziren sollen". Also wenigstens in diesem

2*

Punkte waren damals noch die agnatischen Rechte vorbehalten, und es blieb den Herzogthümern noch immer eine Aussicht auf Erlösung von der Verbindung mit Dänemark eröffnet.

Ein Glück war es, daß der Friede nicht auf Grundlage dieser Präliminarien abgeschlossen wurde. Bei den während des folgenden Winters in Berlin eröffneten Friedensverhandlungen bestand Dänemark auf Gemeinsamkeit der Volksvertretung, der Armee, des Indigenats und der Finanzen für Schleswig und Dänemark, kam also auf seine Inkorporationsbasis vollständig zurück. Darauf wollte Preußen nicht eingehen, und machte dagegen am 17. April 1850 den Vorschlag eines sogenannten einfachen Friedens. Dänemark ging nach einigem Sträuben darauf ein, und am 2. Juli 1850 kam auf dieser Grundlage der Berliner Friede zu Stande. Dieser sonderbare Vertrag hat im Grunde gar keinen Inhalt. Er bestimmt nur, daß in Zukunft Friede und Freundschaft zwischen Deutschland und Dänemark sein soll. Die Herzogthümer wurden dadurch vorläufig ihrem Schicksal überlassen und auf ihre eigene Kraft angewiesen. Aber einen großen Vortheil erlangte Deutschland durch den Berliner Frieden von 1850. Die Präliminarien von 1849 waren dadurch beseitigt, und indem der Friedensvertrag einen gegenseitigen Vorbehalt aller vor dem Kriege bestandenen Rechte ausspricht, hat Deutschland dadurch die Handhabe, in jedem Augenblick in seinen Forderungen wieder auf den status quo vor 1848 zurückzugehen.

Unterdessen aber bereitete sich ein härterer Schlag für die Herzogthümer vor. In London waren Verhandlungen über die Erbfolge eingeleitet. Das Londoner Protokoll vom 2. August 1850 ist der erste europäische Akt, durch welchen die Erhaltung der Integrität der dänischen Monarchie als der gemeinsame Wunsch der Mächte ausgesprochen wird. Es ist der Vorläufer des Londoner Traktats von 1852 und enthält bereits den ganzen gefährlichen Kern desselben. Der Entwurf zu diesem Protokoll war ohne Vorwissen der beiden deutschen Großmächte, hauptsächlich unter russischem Einfluß festgestellt. Der erste Entwurf ist datirt vom 2. Juni 1850, also einen Monat vor Abschluß des Berliner Friedens. Während des Juni ward in London sehr lebhaft über das Projekt unterhandelt, ohne daß sich die Gesandten Oesterreichs oder Preußens offiziell dabei betheiligten. Am 4. Juli ward auf dem auswärtigen Amt zu London eine Konferenz abgehalten, in welcher das ohne Deutschland entworfene Protokoll paraphirt werden sollte. Zu dieser Konferenz wurden auch die Gesandten Preußens und Oesterreichs, Bunsen und Koller, eingeladen. Also nachdem über deutsche Lande in willkürlichster Weise Verabredungen getroffen waren, wollte man diese den deutschen Großmächten einfach mittheilen und ihnen zumuthen, auf dieser Grundlage weiter zu verhandeln. Der österreichische Gesandte, Baron Koller, wohnte der Konferenz bei, betheiligte sich aber nicht an der Paraphirung, weil er „ohne Instruktion" war. Bunsen erschien nicht in der Konferenz, lehnte vielmehr jede Betheiligung entschieden ab. Das Protokoll ward am 4. Juli vorläufig unterzeichnet von den Vertretern von Rußland, England, Frankreich, Schweden und Dänemark, und ward für Preußen und Oesterreich offen gehalten.

Bunsen protestirte in zwei Noten an Lord Palmerston vom 4. und 5. Juli gegen diesen Versuch, willkürlich über unzweifelhaft deutsche Rechte zu entscheiden. Er setzte mit großer Wärme auseinander, daß der Protokoll-Entwurf ungerecht und illegal sei. Er erklärte darin: „Die Idee, daß die Staaten, deren Oberhaupt gegenwärtig der König von Dänemark ist, als Provinzen eines dänischen Nationalreichs zu betrachten seien, ist nie durch irgend einen Rechtsakt anerkannt worden. Sie läuft im Gegentheil allen bestehenden Rechtsverträgen zuwider, und ist von Deutschland stets, namentlich aber im Jahre 1846 entschieden bestritten. Eine solche Idee durch ein europäisches Protokoll sanktioniren heißt Deutschland, ja sogar Europa mit den größten Gefahren und den größten Verwickelungen bedrohen". So schrieb Bunsen 1850; leider war er 1852 bei dem entgegengesetzten Resultat angekommen.

Unterdessen war durch den Berliner Frieden vom 2. Juli die Sachlage etwas geändert. Es ward deßhalb nöthig, in dem Protosoll vom 4. Juli einige Redaktionsänderungen vorzunehmen. Zu dem Ende fand am 2. August 1850 auf dem auswärtigen Amt eine Konferenz statt, um die schließliche Redaktion des Protokolls festzustellen. Anwesend waren die Vertreter von Oesterreich, England, Rußland, Frankreich, Schweden und Dänemark. Bunsen betheiligte sich auch an dieser Konferenz nicht; vielmehr übersandte er derselben die Erklärung, daß er von seiner Regierung die peremptorische Weisung habe, ein Protokoll, wie das von den Großmächten vorgelegte, nicht zu unterzeichnen. Nachdem trotz dieses Protestes das Protokoll von den übrigen Mächten unterzeichnet war, reiste Bunsen am 4. August von London ab.

Das Protokoll ward unterzeichnet unter dem Eindruck der Schlacht von Idstedt, welche acht Tage früher (25. Juli) von den Schleswig-Holsteinern verloren war, weil der kommandirende General sie für verloren hielt. Das Protokoll konstatirt die Ansicht der Mächte, daß „die Aufrechterhaltung der Integrität der dänischen Monarchie, als mit den allgemeinen Interessen des europäischen Gleichgewichts zusammenhängend, von hoher Wichtigkeit für die Wahrung des Friedens" sei. Aus diesem Grunde sprechen die Mächte ihren einmüthigen Wunsch aus, „daß der Stand der jetzt unter der Herrschaft Seiner dänischen Majestät vereinigten Besitzungen in seiner Integrität aufrecht gehalten werde". Demgemäß werden die Bestrebungen des Königs von Dänemark anerkannt, die Successionsordnung so zu regeln, daß der angegebene Zweck erreicht werde, „ohne den Verhältnissen des Herzogthums Holstein zum deutschen Bunde Eintrag zu thun". Ferner sprechen die Mächte ihre Freude über den in Berlin am 2. Juli abgeschlossenen Frieden aus, und endlich behalten sie sich vor, durch einen Akt europäischer Anerkennung den zu erwartenden Anordnungen über die Erbfolge eine fernere Bürgschaft der Stätigkeit zu geben; die zu dem Ende einzuleitenden Verhandlungen sollen in London stattfinden.

Unterzeichnet wurde das Protokoll vom 2. August von Dänemark, Frankreich, England, Rußland und Schweden. Der österreichische

Gesandte sprach den Wunsch aus, das Protokoll vorher seinem Hofe zur Gutheißung vorzulegen. Dasselbe ward daher für Oesterreich offen gehalten. In Wien fand man gegen die Prinzipien des Protokolls nichts einzuwenden. Dem Fürsten Schwarzenberg war es ein genügendes Motiv, daß der Beitritt Oesterreichs zu dieser Uebereinkunft ein Schlag gegen Preußen war. Demgemäß ward Baron Koller instruirt, und am 23. August ward das Protokoll auch für Oesterreich unterzeichnet.

Nur Preußen hatte sich nicht daran betheiligt. Die übrigen Mächte hatten sich übereinstimmend für die Integrität der dänischen Monarchie erklärt. Für England hat Lord Palmerston das Protokoll unterzeichnet. Zwei Jahre vorher, im Juni 1848, hatte er über die dänische Streitfrage ganz anders gedacht. Seine damaligen Vorschläge waren so verständig und billig, daß sie noch jetzt als Grundlage bei der Regelung dieser Angelegenheit dienen könnten. Wie kam es, daß Lord Palmerston 1850 sich ganz auf die dänische Seite stellte? Der Grund war ein doppelter. Einmal bestimmte ihn die Schwäche und Zerrissenheit Deutschlands. So lange eine Aussicht war, daß die deutsche Einheitsbewegung zu einem Ziele führen werde, hatte eine Allianz mit Deutschland einen Werth. Deshalb nahm Lord Palmerston 1848 Rücksicht auf die Interessen Deutschlands; 1850 hielt er es nicht für nöthig. Aber diese Erklärung genügt nicht. Denn auch die englischen Interessen werden durch das Londoner Protokoll verletzt. Damals war, wie wir sehen werden, der Gedanke Rußlands dahin gerichtet, die dänische Monarchie zu einer russischen Sekundogenitur zu machen. Lord Palmerston konnte gegen die Gefahren eines solchen Planes nicht blind sein, aber er stand selbst in jener Zeit unter einem starken russischen Druck.

Schon mehrfach sind Gerüchte aufgetaucht, daß die Schwierigkeiten, in welche Lord Palmerston sich durch sein gewaltthätiges Benehmen gegen Griechenland in der Angelegenheit des Don Pacifico verwickelt hatte, die Erklärung bilden zu seiner Unterzeichnung des Protokolls über die dänische Erbfolge. Am 18. Juni v. J. hat

Lord Montagu im englischen Unterhause einen solchen Zusammenhang ausdrücklich behauptet, ohne daß ihm widersprochen wäre. An der Richtigkeit der Thatsache wird daher nicht länger gezweifelt werden dürfen. Die Sache war folgende:

Man wird sich erinnern, daß im Januar 1850 plötzlich ein englisches Geschwader unter Admiral Parker im Piräus erschien, und daß der englische Gesandte zu Athen binnen kürzester Frist die bisher verweigerte Genugthuung für alte Forderungen verlangte, widrigenfalls sofort eine Blokade und andere Zwangsmaßregeln erfolgen würden. Die bedeutendste unter diesen Forderungen betraf die Entschädigung für einen unter englischem Schutz stehenden portugiesischen Juden Pacifico, dessen Wohnung bei einem Pöbelauflauf demolirt worden war. Die griechische Regierung erkannte die englische Forderung nicht an. Vergebens boten die Gesandten Frankreichs und Rußlands ihre Vermittelung an. Ohne darauf Rücksicht zu nehmen, begann die englische Flotte ihre Blokademaßregeln, und griechische Kauffahrer und Kriegsschiffe wurden aufgebracht. Die Absicht Lord Palmerston's war, dem wachsenden russischen Einfluß im Orient entgegenzuwirken; der Erfolg, den er erreichte, bestand darin, daß der russische Einfluß im Norden in hohem Grade verstärkt wurde.

Griechenland protestirte gegen die Gewaltsamkeit, mit der England seine Uebermacht mißbrauchte; die Gesandten der sämmtlichen übrigen Staaten mißbilligten das englische Verfahren. In erster Linie gegen England stand Rußland, welches am 19. Februar eine fast drohende Note an die brittische Regierung erließ, und dieselbe sofort in den Zeitungen veröffentlichte. Frankreich bot seine Vermittelung an, die auch angenommen wurde. Die Unterhandlungen, welche darauf unter französischer Vermittelung erfolgten, zogen sich sehr in die Länge und führten endlich zu einer Spannung zwischen Frankreich und England, die sich so steigerte, daß der französische Gesandte Drouin de L'Huys im Mai von London abberufen wurde. Die ganze Restaurationspolitik auf dem Festlande hielt diese Gelegenheit für geeignet zu einem Sturm gegen den verhaßten englischen

Minister des Auswärtigen. Auch in England selbst wollten die Tories und Protektionisten diesen Moment benutzen, um das ohnehin schon erschütterte Whigministerium über den Haufen zu werfen. Nach verschiedenen Plänkeleien sollte der Hauptangriff im Oberhaus erfolgen. Am 17. Juli stellte Lord Stanley den Antrag, das Verfahren gegen Griechenland zu mißbilligen. Der Antrag ward mit 169 gegen 132 Stimmen vom Oberhaus angenommen. Trotz dieser Niederlage entschloß sich das Ministerium, nicht zurückzutreten; es hoffte, daß das Unterhaus eine andere Entscheidung geben und die gegen Griechenland befolgte Politik billigen werde. In der That war dies der Fall. Roebuck beantragte im Unterhause, die förmliche Billigung der Palmerston'schen Politik auszusprechen. Palmerston hielt zu seiner Vertheidigung eine seiner glänzendsten Reden, — es ist die, in welcher das berühmte „Civis Romanus sum" zuerst vorkommt. Nach einer dreitägigen Debatte siegte das Ministerium mit 310 gegen 254 Stimmen. Aber unter dem Einfluß jenes Votums des Oberhauses hatte Lord Palmerston bereits in der dänischen Frage den entscheidenden Schritt gethan. In derselben Zeit, in welcher das Oberhaus sich gegen das Ministerium erklärte, erhielt der russische Gesandte Baron Brunnow die Weisung, seine Pässe zu verlangen. Nach der Erzählung, die Lord Montagu im Unterhaus vorgetragen hat, habe Lord Palmerston, als Brunnow seine Pässe verlangte, gefragt, ob es keine Mittel gebe, die Differenz auszugleichen. „Gewiß", habe Brunnow geantwortet, „die Unterzeichnung des Londoner Protokolls!" Darauf habe Palmerston sich zur Unterzeichnung verstanden. Eine andere Darstellung, die aus einer sehr zuverlässigen Quelle stammt, lautet noch etwas wahrscheinlicher. Danach ist Brunnow beauftragt gewesen, die Zurücknahme aller gegen Griechenland ergriffenen Maßregeln, namentlich die Zurückgabe der aufgebrachten Schiffe und Entschädigung der Betheiligten als Ultimatum zu verlangen, im Weigerungsfalle seine Pässe zu fordern. Palmerston erklärte am folgenden Tage, er könne die russischen Bedingungen in der griechischen Sache nicht annehmen, aber er sei dagegen bereit, in der schleswig-holſteiniſchen Frage ſich den ruſſiſchen Wünſchen zu accommodiren und das Londoner Protokoll zu unterzeichnen. Brunnow war für dieſen Fall nicht inſtruirt; aber er hielt das Anerbieten Palmerſton's für ſo berückſichtigenswerth, daß er nicht abreiſte, ſondern ſich Inſtruktionen einholte. Dieſe lauteten dahin, daß der Vorſchlag Palmerſton's anzunehmen ſei. Darauf hin erfolgte die Unterzeichnung des Londoner Protokolls. So ward Schleswig-Holſtein geopfert, um den Eindruck der griechiſchen Differenzen zu verwiſchen.

Das Protokoll von 1850 ſtellt nur den Grundſatz der Integrität der däniſchen Monarchie ganz allgemein auf. Ein beſtimmter Thronfolger wird darin noch nicht deſignirt. Es handelt ſich nun darum, einen Fürſten zum Gründer einer neuen däniſchen Dynaſtie nach dem Ausſterben der regierenden Mannslinie zu wählen. Der urſprüngliche Gedanke Rußlands war, dem damaligen Erbgroßherzoge, jetzt regierenden Großherzog Peter von Oldenburg die Erbfolge in der däniſchen Monarchie zuzuwenden. Die urſprünglich ruſſiſche Propoſition lautete, wie mit Beſtimmtheit verſichert wird, dahin, daß der Erbgroßherzog von Oldenburg zum Thronfolger in Dänemark und in den Herzogthümern deſignirt werden und daß dagegen der Herzog von Auguſtenburg im Großherzogthum Oldenburg ſuccediren ſollte.

Zum Verſtändniß dieſes Planes muß man ſich an folgende Thatſachen erinnern: Die großherzoglich-oldenburgiſche Familie iſt die jüngere Speziallinie des gottorfiſchen Hauſes, deſſen ältere Linie die kaiſerlich-ruſſiſche iſt. Das Großherzogthum Oldenburg ſelbſt ſtand bis zum Jahre 1773 unter der Regierung der däniſchen Könige, als der Chefs der älteren Linie des oldenburgiſchen Hauſes. Im Jahre 1773 ward Oldenburg an den Großfürſten Paul von Rußland abgetreten, welcher dagegen den bis dahin gottorfiſchen Antheil von Holſtein an den König Chriſtian VII., Herzog von Schleswig-Holſtein, abtrat. Der Großfürſt Paul überließ darauf die Regierung in Oldenburg an ſeinen Vetter Friedrich Auguſt, bisherigen Fürſtbiſchof von Lübeck. Somit betrachtete Rußland urſprünglich das Großherzogthum Oldenburg als eine russische Sekundogenitur. Wenn jetzt der Erbgroßherzog von Oldenburg durch russischen Einfluß zum Thronfolger in Dänemark bestimmt werden sollte, so war es klar, daß Kaiser Nicolaus eine Monarchie, die den Sund und den Ausfluß der Elbe beherrscht, zu einer Art von russischer Sekundogenitur zu machen beabsichtigte. Es liegt das ganz in dem Zuge seiner damaligen Politik. Aus dem Jahre 1850 soll sein oft erwähnter Ausspruch datiren: „Die Welt soll dereinst nicht sagen, daß ich ein besserer Schwager als Kaiser von Rußland gewesen bin." Die russische Behandlung der dänischen Frage ist die beste Illustration zu diesem Ausspruch.

Dieser Plan scheiterte an der festen und ehrenhaften Gesinnung des Erbgroßherzog und des damals regierenden Großherzogs August. Beide wollten auf den Gedanken nur unter der Bedingung eingehen, daß die Ausführung ohne Rechtsverletzung möglich wäre. Der Erbgroßherzog erklärte, daß er die dänische Königskrone und die schleswig-holsteinische Herzogskrone nur dann anzunehmen vermöge, wenn die Rechte des Landes und die Rechte der Agnaten dabei nicht außer Acht gelassen würden. Er verlangte also, daß die Herzogthümer Schleswig und Holstein mit einander in einer engen Realunion bleiben, und daß beide zum Königreich in dem Verhältniß einer reinen Personalunion stehen sollten, daß den Herzogthümern ihre Rechte garantirt würden, und daß alle näher berechtigten Agnaten ihre Zustimmung ertheilten. Endlich wünschte er für den Fall, daß er in der dänischen Monarchie succedire, die Thronfolge in Oldenburg seinem Bruder, dem Herzog Elimar, zu sichern. Diese Vorbehalte und Bedingungen hielt man sowohl in Kopenhagen, als auch in Petersburg für so doktrinär und extravagant, daß der Gedanke an die oldenburgische Succession ganz aufgegeben wurde.

Jetzt wurde in Kopenhagen der Plan gefaßt, dem Prinzen Christian von Glücksburg die Thronfolge in dem zu errichtenden dänischen Gesammtstaat zuzusichern. Zu seiner Empfehlung ward vorzugsweise geltend gemacht, daß er allein unter allen Prinzen des schleswig-holsteinischen Fürstenhauses während des letzten Krieges nicht für sein Vaterland gekämpft, sondern vielmehr sich den Feinden des Landes angeschlossen hatte. Der Prinz Christian ist vermählt mit einer Tochter der Landgräfin Charlotte, einer Schwester des Prinzen Friedrich von Hessen. Da der Prinz Friedrich als muthmaßlicher Thronfolger in Kurhessen nicht füglich zugleich in Dänemark succediren kann, so hoffte die Landgräfin Charlotte, welche schon unter Christian VIII. der Mittelpunkt der Kopenhagener Intriguen waren, auf diesem Wege wenigstens ihrer weiblichen Nachkommenschaft die Thronfolge in Dänemark zuzusichern.

Es kam nun zunächst darauf an, daß der Kaiser von Rußland, welcher in der ganzen Angelegenheit bereits die Rolle eines obersten Richters und Schutzherrn übernommen hatte, dem neuen Kronprätendenten seine Genehmigung ertheile. Kaiser Nicolaus berief eine Zusammenkunft nach Warschau und ließ auch den Prinzen Christian dahin kommen, um zu prüfen, ob seine Person als annehmbar zu betrachten sei. Nachdem sich gefunden, daß der Prinz keine bedeutenden Eigenschaften besitze, welche ihn einst auf dem dänischen Throne unbequem machen könnten, wurden die Bedingungen erörtert, welche dem Kaiser dafür zu bewilligen seien, daß er den Prinzen Christian zum Thronfolger in Dänemark ernenne. Diese Bedingungen sind zusammengefaßt in dem Warschauer Protokoll, welches am 5. Juni (24. Mai a. St.) 1851 für Rußland von Nesselrode und Meyendorff, für Dänemark von Reedtz unterzeichnet wurde.

Diese Bedingungen sind sehr merkwürdig. Der Kaiser verhandelt in seiner Eigenschaft als Chef der gottorfischen Linie des oldenburgischen Hauses mit dem König von Dänemark als den Chef der königlichen Linie desselben Hauses. In der Einleitung des Protokolls werden die Verträge von 1767 und 1773 erwähnt, in welchen der damalige Großfürst Paul seine Ansprüche auf Schleswig und den bisherigen gottorfischen Antheil von Holstein an den König Christian VII., Herzog von Schleswig-Holstein, abtrat. Dabei wird aber der sehr erhebliche Umstand vergessen, daß durch dieselben Verträge die Grafschaften Oldenburg und Delmenhorst als Aequivalent für den gottorfiſchen Antheil von Holſtein an Rußland abgetreten wurden. Eine Folge dieſer höchſt auffallenden Vergeßlichkeit iſt es, daß in dem Warſchauer Protokoll fortwährend von ruſſiſchen Anſprüchen auf Hol= ſtein die Rede iſt, welche in dieſer Weiſe gar nicht exiſtiren.

Die Punkte, über welche man ſich unter ſolchen Umſtänden in Warſchau einigte, ſind folgende:

Die Integrität der däniſchen Monarchie kann nur dadurch ge= ſichert werden, daß zur Succeſſion in die geſammte Monarchie nur die männlichen Linien, mit Ausſchluß der Weiber, berufen werden. Die männliche Linie des Prinzen Chriſtian von Glücksburg und ſei= ner Gemahlin, der Prinzeſſin Luiſe von Heſſen, vereinigt in ſich die Succeſſionsrechte, welche beim Ausſterben des Mannsſtammes der königlichen Linie auf ſie übergehen, nachdem die Landgräfin Charlotte und deren älteſte Tochter, die Prinzeſſin Marie von Anhalt=Deſſau, verzichtet haben. Um zur Erhaltung der däniſchen Monarchie dies Arrangement zu erleichtern, verzichtet der Kaiſer von Rußland auf ſeine eventuellen Erbanſprüche zu Gunſten des Prinzen Chriſtian von Glücksburg und ſeiner männlichen Nachkommen; dabei aber werden folgende Reſervationen hinzugefügt: daß die Rechte der beiden jünge= ren Linien des gottorfiſchen Hauſes vorbehalten bleiben; ferner daß die Rechte, auf welche der Kaiſer jetzt verzichtet, wieder aufleben, ſo= bald die männliche Linie des Prinzen von Glücksburg ausſterben ſollte; endlich daß der Verzicht nicht verbindlich ſein ſoll, falls das Arrangement ſelbſt, zu deſſen Gunſten er gemacht wird, nicht zu Stande käme. Demgemäß ſoll der König von Dänemark den Prin= zen und die Prinzeſſin von Glücksburg als präſumtive Erben der däniſchen Krone beſigniren und ſeine Entſcheidung den befreundeten Mächten kund geben. Die Unterhandlungen, welche erforderlich ſind, um dieſem Arrangement eine europäiſche Anerkennung zu verſchaffen, ſollen in London geführt werden.

Dies ſind die Beſtimmungen des Warſchauer Protokolls. Kürzer läßt ſich der Inhalt ſo angeben, daß der Kaiſer von Rußland auf Rechte verzichtet, welche ihm gar nicht zuſtehen. Indem dieſer Ver=

zicht angenommen wird, gewinnt es den Anschein, als ob der Kaiser wirklich diese Rechte hatte. Dem Verzicht aber ist ein sehr bedenklicher Vorbehalt hinzugefügt. In Folge dieses Vorbehalts kann der Kaiser von Rußland durch einen Verzicht auf Rechte, welche er gar nicht hatte, in der That sich diese Rechte erworben haben. Jedenfalls hat er damit eine Handhabe gewonnen, um eventuell diese Rechte geltend zu machen.

Die russische Linie hat, wie wir früher gesehen haben, allerdings Erbansprüche an Schleswig-Holstein. Aber diese Ansprüche können erst nach dem Erlöschen der jüngeren königlichen Linie, d. h. der Häuser Augustenburg und Glücksburg, wirksam werden. Wenn also der Kaiser von Rußland zu Gunsten des Prinzen von Glücksburg verzichtet, um diesem die Succession in der dänischen Monarchie zu sichern, so ist das eine Täuschung. Denn in Schleswig-Holstein war der Prinz von Glücksburg vor dem Kaiser von Rußland erbberechtigt; für Dänemark aber, auf welches der Kaiser gar keine Erbrechte besaß, gab es kein Objekt, auf welches er hätte verzichten können. Dagegen springt der Vortheil, den Rußland von diesem Arrangement hat, in die Augen. Dadurch, daß ein jüngerer Prinz des glücksburgischen Hauses zur Thronfolge gelangt, werden die sämmtlichen Mitglieder des augustenburgischen Hauses und die älteren Prinzen des glücksburgischen Hauses bei Seite geschoben. Die Folge davon ist, daß die ursprünglich sehr entfernten russischen Erbansprüche an Schleswig-Holstein in solche Nähe gerückt werden, daß sie fast unmittelbar wirksam sind. Da aber außerdem die gleiche Successionsordnung für die ganze dänische Monarchie gelten soll, so dürfte es nicht schwer sein, nicht allein auf die Herzogthümer, sondern auch auf das Königreich eventuelle russische Ansprüche aus dem Warschauer Protokoll abzuleiten.

Für einen Unkundigen erscheint dies Protokoll als ein Beweis der russischen Uneigennützigkeit. Wer die Verhältnisse kennt, muß das Gegentheil herauslesen. Wir haben das täuschende Spiel hervorgehoben, welches das Warschauer Protokoll mit den russischen Erbansprüchen treibt, indem das vorgebliche nähere Erbrecht auf den ehemals gottorfischen Antheil von Holstein unmerklich verwechselt wird mit dem entfernteren eventuellen Erbrecht auf ganz Schleswig-Holstein. Jetzt ward die Voraussetzung eines näheren russischen Erbrechts dazu benutzt, bei den übrigen Kabinetten die Vorstellung zu erregen, als ob durch die Zustimmung des russischen Kaisers und durch seinen bedingten Verzicht auf das nähere Erbfolgerecht das Haupthinderniß, welches sonst einer neuen Erbfolgeordnung entgegengestanden haben würde, hinweggeräumt wäre.

Alsbald nach Unterzeichnung des Warschauer Protokolls erließ die dänische Regierung eine Cirkularnote an die Kabinette von Wien, Berlin, London, Paris und Stockholm, in welcher mit gänzlicher Umgehung der wichtigsten Rechtsfragen ausgesprochen wurde, daß die Erbansprüche des augustenburgischen Hauses nicht als begründet angesehen werden könnten, jedenfalls durch Treubruch verwirkt wären, und daß es auf die Beweisgründe für die Erbansprüche des russischen Kaiserhauses, welche allerdings eine besondere Würdigung verdienten, nicht mehr ankomme, da der Kaiser von Rußland verzichten wolle, so daß nunmehr für die Errichtung einer neuen Successionsordnung alle Schwierigkeiten beseitigt wären.

Nach solchen Vorbereitungen kam der Londoner Traktat vom 8. Mai 1852 zu Stande. Dadurch erhielt der Ausspruch des Zaren über die dänische Erbfolge die Sanktion Europa's. Auch Preußen gab jetzt seinen früheren Widerspruch auf. Unterzeichnet ist der Traktat von Oesterreich, Frankreich, England, Preußen, Rußland, Schweden und Dänemark. Die erstgenannten sechs Mächte verpflichten sich, auf den Fall des Aussterbens der jetzt regierenden Mannslinie, den Prinzen Christian von Glücksburg und seine männlichen Nachkommen aus seiner Ehe mit der Prinzessin Luise von Hessen als successionsberechtigt für die Gesammtheit der gegenwärtig unter dem Szepter des Königs von Dänemark vereinigten Staaten anzuerkennen. Der Grundsatz der Integrität der dänischen Monarchie wird als ein bleibender bezeichnet und ein weiteres von dem Könige von Dänemark vorzuschlagendes Arrangement für den Fall vorbehalten, daß die männliche

Nachkommenschaft des Prinzen Christian und seiner Gemahlin er=
löschen würde. Den Rechten des deutschen Bundes hinsichtlich der
Herzogthümer Holstein und Lauenburg soll durch diesen Traktat kein
Eintrag geschehen. Andere Mächte sollen zum Beitritt eingeladen
werden. Durch ein Separatprotokoll von demselben Tage zwischen
Dänemark und Rußland wurden die in dem Warschauer Protokoll
bereits vorausgesetzten eventuellen Erbrechte des russischen Kaiserhauses
auf Holstein nochmals ausdrücklich anerkannt und vorbehalten.
Dies ist der Inhalt des Londoner Traktats von 1852. Für
England, wo damals die Tories regierten, hat Lord Malmesbury
unterzeichnet. Er scheint ein Bewußtsein von der Bedeutung des Akts
gehabt zu haben. Denn offenbar in der Absicht, die Schuld auf
Lord Palmerston abzuwälzen, meinte damals Lord Malmesbury, er
danke Gott, daß das Protokoll vom 2. August 1850 nicht sein Werk
sei. Allerdings enthielt das Protokoll von 1850 den Keim des Trak=
tats von 1852, aber es verpflichtete den Nachfolger Palmerston's nicht
zur Unterzeichnung des Traktats. Die Verantwortlichkeit für diesen
schmählichen Handel tragen Whigs und Tories gleichmäßig.
Für Preußen steht Bunsen's Namen unter dem Traktat. In
früheren Jahren hatte Bunsen der Sache der Herzogthümer nach Kräf=
ten zu dienen gesucht. Sich selbst hätte er den besten Dienst geleistet,
wenn er vor dem 8. Mai 1852 seine diplomatische Stellung aufge=
geben hätte. Daß von Berlin aus überhaupt der Befehl zur Unter=
zeichnung gegeben wurde, darf uns bei der Blindheit und Unfähig=
keit, die damals in Preußen am Ruder standen, nicht wundern. Wenn
Herr von Manteuffel Minister des Auswärtigen ist, so genügt es
zur Erklärung eines Staatsakts, daß dadurch irgend eine augenblick=
liche Schwierigkeit beseitigt wird. Ob dabei zugleich die höchsten In=
teressen Preußens verletzt, sogar die Grundsätze der Legitimität um=
gestürzt, alle Gebote der Ehre und des Anstandes vergessen werden,
kann wenig in Betracht kommen. Es ist also überflüssig, nach einem
besonderen Motiv für die Unterzeichnung zu forschen. Aber eine Ver=
muthung, weshalb sich Preußen diese Demüthigung auferlegte, mag

doch gestattet sein. Acht Tage nach Unterzeichnung des Traktats über die dänische Erbfolge, am 15. Mai 1852, richtete Bunsen eine Note an Lord Malmesbury, in welcher er ihn ersuchte, die Vertreter der Großmächte zu einer Konferenz einzuladen, um die Mittel zu bera= then, wie das Fürstenthum Neuenburg wieder unter die Autorität des Königs von Preußen zu bringen sei. Mit überraschender Schnellig= keit kam darauf das Londoner Protokoll vom 24. Mai 1852 zu Stande, in welchem die Vertreter der vier Großmächte die Rechte anerkennen, die dem Könige von Preußen auf das Fürstenthum Neuen= burg und die Grafschaft Valengin zukommen. Sollte vielleicht dieses Protokoll durch die preußische Unterschrift zum Traktat vom 8. Mai erkauft sein? Dann hätte Preußen seine Erstgeburt für ein Linsen= gericht verkauft. Nach dem Aufstand der Neuenburger Royalisten im September 1856 zeigte sich, daß das Londoner Protokoll nicht ein= mal ein Linsengericht werth war. Wir wollen hoffen, daß auch der Londoner Vertrag vom 8. Mai im entscheidenden Augenblick sich gleich werthlos erweisen wird.

Durch diesen Vertrag waren die europäischen Schwierigkeiten, welche einer Aenderung der Erbfolgeordnung in der dänischen Mo= narchie entgegenstanden, beseitigt. Es schien nichts weiter übrig zu bleiben, als die Erlassung eines mit dem Londoner Traktat in Ueber= einstimmung stehenden Thronfolgegesetzes. Eine betreffende Vorlage ward dem dänischen Reichstage gemacht. Sie stieß hier auf den hef= tigsten Widerspruch. Denn auch in Dänemark ist die Thronfolge des Prinzen Christian von Glücksburg verhaßt. Der nationale Gedanke, welcher der dänischen Bewegung von 1848 zu Grunde lag, mußte aufgegeben werden, wenn man sich den Konsequenzen des Londoner Traktats fügte und die Idee eines sogenannten dänischen Gesammt= staats anerkannte. Außerdem stand hinter dem Londoner Vertrag die Drohung einer russischen Zukunft. Der dänische Minister des Aus= wärtigen mußte dem Reichstag einräumen, Dänemarks König und Volk würden sich freier fühlen, wenn die russischen Reservationen nicht vorhanden wären. Erst nach langen Kämpfen, nach wiederholten

Auflösungen ward der Widerstand des Reichstages gebrochen. Am 24. Juni 1853 gab der dänische Reichstag seine Zustimmung zu der Aenderung der Thronfolgeordnung. Darauf hin ward das Thron=folgegesetz vom 31. Juli 1853 erlassen. Dasselbe erhebt den An=spruch, ein für die ganze dänische Monarchie gültiges Gesetz zu sein, — offenbar mit Unrecht. Für die Herzogthümer Schleswig=Holstein und Lauenburg ist es nichts als ein Projekt. Den Ständen dieser Lande ist es bis jetzt noch nicht vorgelegt; noch viel weniger ist es von ihnen gebilligt.

Der Inhalt des Thronfolgegesetzes von 1853 ergiebt sich aus dem Londoner Traktat. Nach dem Aussterben des Mannsstammes Friedrich's III. soll die Thronfolge auf den Prinzen Christian von Glücksburg und seine männliche Nachkommenschaft übergehen, und die Krone soll fortan nach dem Rechte der Erstgeburt und der agna=tischen Linienerbfolge vererben. Zugleich wird dem Prinzen Christian der Titel eines Prinzen zu Dänemark beigelegt. Doch hat sich diese Bezeichnung nicht eingebürgert. In Deutschland ist er bekannter un=ter dem Namen des Protokollprinzen, in Dänemark nennt man ihn gewöhnlich Prinz Hamlet.

So ist die neue Thronfolgeordnung zu Stande gekommen. Es fragt sich jetzt, ob durch den Londoner Traktat und durch das Thron=folgegesetz das Erbrecht des Prinzen Christian genügend gesichert erscheint.

Hier müssen wir zunächst daran erinnern, daß die beim Lon=doner Traktat betheiligten Mächte zwar versprochen haben, die neue Successionsordnung anzuerkennen, aber nicht, sie zu garantiren. Vielmehr haben sie sich jedes Ausdrucks sorgfältig enthalten, der als eine Garantie aufgefaßt werden könnte. Ferner kann es nicht wohl die Absicht der kontrahirenden Mächte gewesen sein, begründete Erb=ansprüche durch einen Machtspruch zu beseitigen. Das ganze dy=nastische System in Europa würde auf morschen Stützen beruhen, wenn die Erbrechte einzelner Fürstenhäuser durch Beschlüsse anderer Fürsten nach bloßen Gründen der Zweckmäßigkeit vernichtet werden könnten. Dies kann nicht die Absicht der Mächte gewesen sein. Auch hat Dänemark selbst den Londoner Traktat nicht so verstanden. Denn selbst nach der Unterzeichnung desselben hat die dänische Regierung sich viele Mühe gegeben, einen Verzicht des Herzogs von Augusten= burg zu erlangen. Dies wäre überflüssig gewesen, wenn das Recht des Herzogs durch den Londoner Traktat vernichtet wäre. Man darf nicht voraussetzen, daß die kontrahirenden Mächte absichtlich ein großes Unrecht haben begehen oder sanktioniren wollen. Von dänischer Seite wurden in London einige Verzichtleistungen beigebracht. Allerdings war es dabei hauptsächlich auf eine Täuschung der Diplomaten ab= gesehen, welche mit dem Detail dieser verwickelten Erbverhältnisse wenig vertraut waren und deshalb zu dem Glauben verleitet werden sollten, die vorliegenden Verzichte seien genügend. Durch den Lon= doner Traktat also erklären die kontrahirenden Mächte nichts weiter, als daß von ihrer Seite der neuen Successionsordnung keine Schwie= rigkeiten bereitet werden sollen. Aber die dänische Regierung ist da= durch nicht der Verpflichtung enthoben, die etwa von anderer Seite entgegenstehenden rechtlichen Schwierigkeiten durch besondere Ueberein= künfte mit den Betheiligten zu beseitigen. Gelingt ihr dies nicht und zeigt es sich späterhin, daß die vorausgesetzten Verzichtleistungen nicht vorhanden sind, so hat keine europäische Macht die Thronfolge des Protokollprinzen garantirt.

Es fragt sich also, ob die für eine Veränderung der Thronfolge= ordnung erforderlichen rechtlichen Voraussetzungen erfüllt sind. Un= zweifelhaft ist zu einer Veränderung der gesetzlichen Vorschriften über die Thronfolgeordnung außer der Willenserklärung des Landesherrn noch ferner erforderlich: 1) die Zustimmung und Verzichtleistung aller derjenigen Agnaten oder Kognaten, deren Erbrecht durch die neue Successionsordnung auf irgend eine Weise verletzt oder geschmälert wird; 2) die Einwilligung der Landesvertretung, und endlich 3) in= sofern es sich um ein deutsches Bundesland handelt, also hier für Holstein und Lauenburg, die Zustimmung des deutschen Bundes.

Diese drei Bedingungen sind nicht erfüllt. Es wird

genügen, für jeden dieser drei Punkte an einige notorische Thatsachen zu erinnern.

Es fehlt an den erforderlichen Verzichten derjenigen Berechtigten, deren Erbrecht näher ist als das des Protokollprinzen, sowohl in Dänemark, als auch in Schleswig-Holstein, als auch in Lauenburg. Zunächst im Königreich Dänemark. Hier hat der Prinz Christian von Glücksburg nach dem dänischen Königsgesetz allerdings eine Anwartschaft auf die Erbfolge, aber eine sehr entfernte. Sie beruht darauf, daß seine Großmutter eine Tochter des König Friedrich's V. war. Aber es sind einige dreißig Prinzen und Prinzessinnen vorhanden, welche nach dem Königsgesetze der Thronfolge näher stehen würden als der Protokollprinz. Von allen diesen näher berechtigten Personen haben bis jetzt nur sehr wenige verzichtet, nämlich: die Landgräfin Charlotte von Hessen, ihr Sohn Prinz Friedrich von Hessen und ihre älteste Tochter Marie, vermählte Prinzessin von Anhalt-Dessau. Die zweite Tochter der Landgräfin Charlotte ist die Gemahlin des Protokollprinzen. Daß sie ihr Erbrecht nicht gegen ihren Gemahl geltend machen wird, darf vorausgesetzt werden; aber es muß zugleich daran erinnert werden, daß sie nicht zu Gunsten ihres Gemahls verzichten kann. Eine Uebertragung des Erbfolgerechts an Entferntere mit Uebergehung näher Berechtigter ist weder nach den allgemeinen Grundsätzen des Fürstenrechts, noch nach dem dänischen Königsgesetz möglich. Ein Verzicht hat immer nur den Erfolg, daß das Erbrecht auf den zunächst Berechtigten übergeht. Ob die dritte Tochter der Landgräfin Charlotte, die Prinzessin Auguste, die mit Herrn von Blixen-Finecke verheirathet ist, verzichtet hat, ist nicht bekannt.

Daß diese Verzichte nicht genügen, liegt auf der Hand. Wahrscheinlich aber haben sie gar keinen Werth. Wir haben früher gesehen, daß die Landgräfin Charlotte nach dem dänischen Königsgesetz allerdings das nächste Erbrecht an die dänische Krone hat, falls sie den jetzigen König und den Prinzen Ferdinand überlebt. Für diesen Fall würden nach ihr auch ihre Deszendenten die Nächstberechtigten sein (obgleich selbst dieser Satz bestritten werden kann und bestritten worden ift). Dann würden also einige, wenn auch nicht genügende Verzichte vorliegen. Wenn aber, wie es wahrscheinlicher ist, die 73 Jahre alte Landgräfin Charlotte früher stirbt, als der 54 Jahre alte König, so haben nicht die Deszendenten der Landgräfin Charlotte das nächste Erbrecht, sondern die Töchter des Königs Friedrich VI. Das Erb= recht der Hessen wird dann ein sehr entferntes. Für diesen bei Wei= tem wahrscheinlicheren Fall sind die vorliegenden Verzichte völlig werthlos. Die Töchter Friedrich's VI. haben nicht verzichtet, und ebenso wenig diejenigen Prinzen, welche nach ihnen zunächst berech= tigt sind.

So steht es in Dänemark. In Schleswig=Holstein liegt die Sache für den Protokollprinzen wo möglich noch ungünstiger. Hier sind nicht weniger als elf näher berechtigte Agnaten vorhanden, welche auf ihr Erbrecht bis jetzt nicht nur nicht verzichtet, sondern zum Theil gegen das neue Thronfolgegesetz selbst ausdrücklich protestirt haben. Diese Agnaten sind:

1) Der Herzog Christian August von Augustenburg. Der Herzog hat allerdings unter dem 30. Dezember 1852 eine Erklärung aus= gestellt, in welcher er sich verpflichtet, den von dem König von Däne= mark in Bezug auf die Erbfolge gefaßten oder künftighin zu fassen= den Beschlüssen in keiner Weise entgegenzutreten. Die Umstände, unter denen diese Erklärung ausgestellt wurde, sind folgende: Es ist bekannt, in welchem Grade der Herzog durch das in seiner Person vorhandene Erbrecht sich den Haß der Dänen zugezogen hatte. Durch gerichtliche Aussagen ist erwiesen, daß der König von Dänemark im September 1848 in Sonderburg in Gegenwart einer großen Anzahl von Menschen den Herzog von Augustenburg für „vogelfrei" erklärt hat: „Jedermann könne ihn erschießen." Gleich nach dem Ausbruch des Krieges wurden die sehr bedeutenden Besitzungen des Herzogs im Herzogthum Schleswig, auf Alsen und in Sundewitt von der däni= schen Regierung mit Beschlag belegt; sämmtliche Einkünfte wurden ihm entzogen. Im Jahre 1851, nachdem Holstein durch österreichische und preußische Truppen sequestrirt war, wandte die dänische Regierung

sich an Preußen mit dem Ersuchen, ein Abkommen zwischen ihr und dem Herzog von Augustenburg zu vermitteln. Diese Verhandlungen blieben lange erfolglos, weil der Herzog sich entschieden weigerte, auf seine Erbrechte zu verzichten, obwohl damals Herr von Manteuffel die größten Anstrengungen machte, ihn zu einem .solchen Verzicht zu bewegen. Im März 1852 trat Dänemark mit der Proposition hervor, den Herzog für seine Besitzungen in Schleswig nach Abzug der darauf ruhenden Schulden die Summe von 2,250,000 Thalern Preuß. Courant auszahlen zu wollen, wogegen der Herzog versprechen solle, der beabsichtigten Thronfolge in Dänemark nicht entgegenzutreten. Diese Proposition war als ein Ultimatum bezeichnet mit der Erklärung, daß, wenn der Herzog dieselbe nicht innerhalb vier Wochen angenommen haben würde, der König von Dänemark sich zu nichts weiter verbindlich mache. Privatim war noch die Drohung hinzugefügt, daß, falls der Herzog die Proposition nicht annähme, sein gesammtes Vermögen werde konfiszirt werden; diese Konfiskation sollte von Rußland und England im Voraus genehmigt sein. Auch wurden noch andere Maßregeln gegen den Herzog und sein Haus in Aussicht gestellt. Der Herzog erklärte hierauf der preußischen Regierung, daß, da das Vermögen nicht ihm, sondern seiner Famlie gehöre und die Intentionen der dänischen Regierung ihm zur Genüge bekannt seien, er sich gezwungen sehe, diese Proposition anzunehmen, weil er sonst Gefahr laufe, das ganze Vermögen seiner Famlie zu verlieren. In der Erklärung, welche der Herzog am 30. Dezember 1852 ausgestellt hat, hat er nicht auf sein Erbrecht verzichtet, sondern er hat nur versprochen, den Beschlüssen des Königs hinsichtlich der Erbfolge nicht entgegenzutreten. In ihren Konsequenzen kann diese Erklärung die Bedeutung eines persönlichen Verzichtes gewinnen. Auf jeden Fall wird außer dem Herzog Niemand durch die Erklärung gebunden, weder seine Söhne, welche im Jahre 1852 bereits majoren waren, noch seine Seitenverwandten. — Außer dem Herzog gehen noch folgende Agnaten dem Protokollprinzen vor:

2) Der älteste Sohn des Herzogs, Erbprinz Friedrich von

Augustenburg. Dieser hat nicht nur nicht verzichtet, sondern hat viel= mehr im Januar 1859 in einem an den König von Dänemark ge= richteten Schreiben sein Erbrecht gegen die Bestimmungen des Thron= folgegesetzes von 1853 ausdrücklich verwahrt;

3) der am 20. Januar dieses Jahres geborene Sohn des Erb= prinzen Friedrich;

4) der zweite Sohn des Herzogs, Prinz Christian von Augusten= burg;

5) der Bruder des Herzogs, Prinz Friedrich von Noer. Wir dürfen hier daran erinnern, daß der Prinz von Noer einen von der englischen Regierung entgegengenommenen Protest gegen den Lon= doner Traktat eingelegt hat, dessen einziger Zweck nur der sein könne, „die verschiedenen erbberechtigten Linien zu entfernen, die eine Wehr gegen das Ereigniß bilden, welches das dänische Volk nur mit Ab= scheu betrachtet, nämlich die Einverleibung Dänemarks in das rus= sische Reich;"

6) der Sohn des Vorgenannten, Prinz Friedrich von Noer;

7) der Vetter des Herzogs, Prinz Woldemar von Augusten= burg. — Außer den Mitgliedern des augustenburgischen Hauses gehen dem Prinzen Christian von Glücksburg noch seine älteren Brü= der vor, also:

8) der Herzog Karl von Glücksburg;

9) dessen Bruder, der Prinz Friedrich von Glücksburg;

10) des Vorgenannten Sohn, Prinz Friedrich Ferdinand von Glücksburg;

11) des Herzogs dritter Bruder, Prinz Wilhelm von Glücksburg. Erst nach allen diesen kommt der Protokollprinz.

Wie in Dänemark und in Schleswig=Holstein, so steht es in Lauenburg. Auch hier fehlt es an den genügenden Verzichten. In der Sitzung der deutschen Bundesversammlung vom 29. Juli 1852 hat der Gesandte der großherzoglich und herzoglich sächsischen Häuser eine Verwahrung der Rechte des sachsen=ernestischen Gesammt= hauses auf eventuelle Succession in Lauenburg eingelegt. Auch das großherzoglich-mecklenburgische Haus hat sich eventuelle Erbrechte an Lauenburg durch eine beim Bundestag eingelegte Verwahrung vorbehalten.

Wie an den Verzichten der näher berechtigten Erben, so fehlt es zweitens an der Zustimmung der Landesvertretungen. Zwar der dänische Reichstag hat nach langem Sträuben das Thronfolgegesetz von 1853 genehmigt. Dies wird im Eingange des Gesetzes selbst hervorgehoben. Daburch hat die dänische Regierung anerkannt, was ohnehin selbstverständlich ist, daß die bestehende Successionsordnung nicht einseitig durch den Landesherrn mit rechtlicher Gültigkeit aufgehoben oder abgeändert werden kann, daß vielmehr dazu die Zustimmung der Landesvertretung erforderlich ist. Nun aber sind die Stände der drei deutschen Herzogthümer gar nicht gefragt worden. Weder den schleswigschen, noch den holsteinischen Ständen, noch der lauenburgischen Ritter- und Landschaft ist das Thronfolgegesetz vorgelegt. Wenn nun unbestreitbar ist, daß der dänische Reichstag, in welchem die Herzogthümer nicht vertreten sind, über das Erbfolgerecht in den Herzogthümern nicht hat verfügen können, so folgt daraus, daß das Thronfolgegesetz von 1853 für die drei Herzogthümer keine Gültigkeit hat, daß es für sie nichts ist, als ein bis jetzt noch nicht zur Vorlage gekommener Gesetzentwurf. Die holsteinischen Stände haben sich hierüber bereits deutlich erklärt. Im Jahre 1859 sahen sie sich veranlaßt, darauf hinzuweisen, daß sie zu dem Thronfolgegesetz ihre Zustimmung nicht gegeben haben. Darauf ließ die Regierung während der vorjährigen Diät in den Motiven eines den Ständen vorgelegten holsteinischen Verfassungsentwurfs die Bemerkung einfließen, daß einer solchen Verwahrung an sich keine Bedeutung beigelegt werden könne. Die holsteinischen Stände hielten sich einer solchen Aeußerung gegenüber verpflichtet, wiederholt hervorzuheben, „daß das Thronfolgegesetz nur dem dänischen Reichstag zur Beschlußnahme vorgelegt und von demselben genehmigt, für die Herzogthümer dagegen einseitig vom König erlassen sei, ohne daß sie um ihre Zustimmung angegangen wären, oder durch ihre Vertreter dazu mitgewirkt hätten." Die Folge ist, daß die Herzogthümer durch ein Gesetz, bei welchem sie nicht mitgewirkt haben, auch nicht verpflichtet sein können.

Endlich drittens fehlt die Genehmigung des deutschen Bundes, welche für eine Aenderung der Thronfolgeordnung in Holstein und Lauenburg nothwendig ist. Der deutschen Bundesversammlung ist weder der Londoner Traktat, noch das Thronfolgegesetz in offizieller Weise mitgetheilt. Dänemark hat nur an die einzelnen deutschen Regierungen das Ersuchen gestellt, dem Londoner Vertrag beizutreten. Soweit bekannt, haben zwei Regierungen, Kurhessen und Hannover, dem Vertrag ihre Zustimmung gegeben. Hannover mag diesen Schritt später wohl bereut haben. Alle anderen Regierungen haben es abgelehnt. Preußen und Oesterreich haben sich an dem Londoner Traktat nicht als deutsche Bundesstaaten, sondern als europäische Mächte betheiligt. Für den deutschen Bund ist der Londoner Vertrag und das Thronfolgegesetz von 1853 vollkommen unverbindlich. Nach der Bundesverfassung hat die deutsche Bundesversammlung das alleinige Recht, darüber zu entscheiden, wer als Bundesfürst unter den Bundesfürsten Platz nehmen kann. Um diesem Entscheidungsrechte nicht zu präjudiziren, bestanden Oesterreich und Preußen darauf, daß im Artikel 3. des Londoner Traktats die Rechte des deutschen Bundes vorbehalten blieben. Die Kompetenz des Bundes wird also auch von den europäischen Mächten nicht bestritten. Für die Stellung des Bundes zu der Erbfolgefrage ist noch immer der Bundesbeschluß vom 17. September 1846 maßgebend, in welchem die Rechte der Agnaten vorbehalten sind. Die Bundesversammlung hat sich also für den Fall, daß der Mannsstamm des dänischen Königshauses ausstirbt, die Entscheidung vorbehalten; sie hat nichts, durchaus nichts gethan, wodurch dieser Entscheidung präjudizirt würde.

Es fehlt also an allen Voraussetzungen, die erforderlich sind, um der neuen Thronfolgeordnung eine gesicherte Rechtsgrundlage zu geben. Bei einer etwaigen Revision des Londoner Vertrages würde man mit Recht geltend machen können, daß die Voraussetzungen, von

denen man bei der Unterzeichnung ausging, nicht eingetroffen sind.
Die beiden deutschen Großmächte aber sind noch aus einem anderen
Grunde berechtigt, ihre Zustimmung zu dem Londoner Vertrage
wieder zurückzunehmen. Diese Zustimmung war von ihnen bezeichnet
worden als ein Aequivalent für die von Dänemark hinsichtlich der
Verfassung der deutschen Herzogthümer übernommenen Verpflichtungen.
Bekanntlich wurde während des Jahres 1851 zwischen Preußen und
Oesterreich einerseits und Dänemark andererseits über die verfassungs=
mäßige Stellung unterhandelt, welche die Herzogthümer Schleswig,
Holstein und Lauenburg innerhalb der dänischen Gesammtmonarchie
haben sollten. Die Punkte, über welche man sich vereinbart hatte,
sind in der Bekanntmachung vom 28. Januar 1852 zusammengefaßt.
Oesterreich hatte in einer Depesche vom 26. Dezember 1851 die Be=
dingungen entwickelt, unter denen es das von der dänischen Regie=
rung vorgelegte Programm für annehmbar halte. Preußen hatte sich
in einer Depesche von 30. Dezember 1851 der österreichischen Auf=
fassung angeschlossen. Die dänische Antwort vom 29. Januar 1852
sprach ihr Einverständniß mit den von der preußischen Regierung ge=
theilten Absichten des österreichischen Kabinets aus. Die für die vor=
liegende Frage entscheidende Stelle der österreichischen Depesche vom
26. Dezember 1851 lautet:

„Würde nun die dänische Regierung sich bewogen finden, die=
jenige Auffassung ihres Programms, die wir in dem Gegenwärtigen
Erlaß und in der Anlage desselben niedergelegt haben, auch als die
ihrige anzuerkennen, würde sie uns zugleich der wirklichen Ausführung
der Absichten, die sie uns bis jetzt offiziell nur als eine mögliche
Eventualität zur Kenntniß gebracht hat, in der bindenden Form einer
auf Befehl Sr. Majestät des Königs abgegebenen Erklärung versichern
und danach auch ihre Handlungen einrichten, soweit dazu schon jetzt
Veranlassung gegeben ist, so könnten wir auf einen baldigen versöh=
nenden Ausgang der seitherigen Irrungen zwischen den verschiedenen
Theilen der dänischen Monarchie, wie zwischen dieser und dem deut=
schen Bund zuversichtlich vertrauen; wir würden das Mandat, kraft

deſſen wir in Gemeinſchaft mit Preußen den deutſchen Bund in dieſer Angelegenheit vertreten, unter gleichzeitiger Räumung Holſteins und Wiederherſtellung der vollen landesherrlichen Gewalt in dieſem Herzogthum zurücklegen, in der Bundesverſammlung für die getroffene Vereinbarung einſtehen, und zugleich die neue innere Begründung des Verbandes der unter Einem Herrſcher vereinigten Lande für weit genug vorgeſchritten erachten, um uns an der völkerrechtlichen Ver= bürgung der Integrität der Monarchie mittelſt Anerkennung der ge= meinſamen Erbfolge zu betheiligen."

Hier iſt mit deutlichen Worten die Betheiligung an der Aner= kennung der gemeinſamen Erbfolge, alſo an dem Londoner Vertrag, als ein Aequivalent für die Zugeſtändniſſe bezeichnet, welche die Mächte in Betreff der verfaſſungsmäßigen Stellung der Herzogthümer von Dänemark verlangten. Dieſe Zugeſtändniſſe hat Dänemark aller= dings im Januar 1852 gemacht, aber es hat ſie nicht gehalten. Dies iſt ſo notoriſch, daß wir uns dabei nicht aufzuhalten brauchen. Alle die langwierigen Verhandlungen der letzten Jahre ſind gerade dadurch veranlaßt, daß Dänemark die Verabredungen von 1852 ver= letzt hat. Einen Beweis für dieſe däniſchen Vertragsverletzungen bei= zubringen, iſt vollkommen überflüſſig, ſeit der däniſche Konſeilspräſident Hall in ſeiner neueſten Depeſche vom 26. Dezember 1861 ſelbſt er= klärt hat, „daß die däniſche Regierung von dem reſultatloſen Ver= ſuche abſteht, die Vorausſetzungen von 1852 in der damals beabſich= tigten Weiſe durchzuführen." Wir nehmen dieſe Erklärung dankbar entgegen; ſie enthält das Zugeſtändniß, daß Dänemark ſeine im Jahre 1852 gegebenen Verſprechungen bisher nicht erfüllt hat und in Zukunft nicht erfüllen will. Die Vorlagen, welche dem im Januar dieſes Jahres in Kopenhagen eröffneten Rumpfreichsrath gemacht ſind, ſind vollends eine unverhüllte und vollſtändige Losſagung von dem Ab= kommen von 1852 und von den damals gegebenen Verſprechungen. Die richtige Antwort darauf iſt, daß die deutſchen Mächte ihre Zu= ſtimmung zum Londoner Vertrag, welche nur ein Aequivalent für

jene Versprechungen war, wieder zurücknehmen. Daß sie dazu be=
rechtigt sind, wird Niemand bezweifeln.

So steht es mit der Solidität des Londoner Traktats. Wir
sollten meinen, es wäre für die deutsche Diplomatie keine übermäßig
schwere Aufgabe, diesen Traktat bei passender Gelegenheit wieder fort
zu revidiren. Man wird doch in Deutschland diese Aufgabe nicht
für schwieriger halten, als in Dänemark. In Dänemark aber glaubt
man nicht an die Festigkeit des Londoner Traktats. Dort hat man
die Empfindung, auf einer morschen Eisdecke zu wandeln, die in
jedem Augenblick einzubrechen droht. Man hütet sich wohl, die
Zweifel an dem Bestand des neuen Thronfolgegesetzes laut werden
zu lassen. Aber die Zweifel sind dennoch vorhanden. Zuweilen, wenn
auch selten, wird dort eine Stimme laut, welche die Bodenlosigkeit
der dänischen Verhältnisse gerade in Beziehung auf diesen Funda=
mentalpunkt unumwunden anerkennt.

Wir können uns damit begnügen, nur die merkwürdigste Aeuße=
rung, welche wir über diesen Punkt aus Dänemark vernommen haben,
hier anzuführen.` Sie rührt von einem dänischen Minister des Aus=
wärtigen her, welcher zugleich ein Schwager des Protokollprinzen ist,
nämlich von Herrn von Blixen=Finecke. Dieser war Ende 1859
Minister des Auswärtigen. Bekanntlich stand damals ein europäischer
Kongreß zur Regelung der italienischen Frage in Aussicht. Zwischen
dem Protokollprinzen und seinem Schwager Blixen=Finecke war im
Anfang Dezember ein Zerwürfniß ausgebrochen. Blixen = Finecke
wollte seinen Schwager als Statthalter nach Holstein schicken; der
Protokollprinz wollte sich auf diesen Plan nicht einlassen. Da schrieb
Blixen=Finecke ihm am 11. Dezember 1859 den nachstehenden Brief:

„Es wird Ew. königlichen Hoheit bekannt sein, daß man von
vielen unserem hartgeprüften Vaterlande feindlichen Seiten die Frage
wegen einer Revision des Londoner Traktats, betreffend die
Thronfolgeordnung in der dänischen Monarchie, aufgeworfen hat.
Namentlich hat die französische „Presse" und besonders der Verfasser
der Reisebeschreibung des Prinzen Napoleon in den nordischen Län=

dem hervorgehoben, wie wünschenswerth es sei, daß dieser Staatsakt wesentlich modifizirt werde. Ich brauche nicht erst Ew. königlichen Hoheit auseinander zu setzen, wie wichtig es für die theuersten Interessen des Staates und — was damit in enger Verbindung steht — für die Interessen Ew. königlichen Hoheit sein würde, wenn man verhindern könnte, daß die beregte Frage überhaupt auf dem Kongreß zur Sprache komme, oder wenigstens bewirken könnte, daß sie in einer für die dänische Monarchie ersprießlichen Weise vorkomme. Dieses Letztere würde nur geschehen können, wenn die Regierung Sr. Majestät im Stande wäre, auf dem Kongresse die begründete Erklärung abzugeben, daß der Friede und die Ordnung in der Monarchie zu Stande gebracht, jede äußere Disposition über unsere Verhältnisse dadurch überflüssig geworden sei. Dies hat die Regierung Sr. Majestät geglaubt ins Werk setzen zu können, wenn sowohl Se. Majestät der König als auch Ew. königliche Hoheit zu vermögen wären, dem Zusammenhalt der Monarchie das persönliche Opfer zu bringen, das in der Annahme des Statthalterpostens in Holstein seitens Ew. königlichen Hoheit liegen würde. Ich räume ein, daß das Ministerium sich Ew. königliche Hoheit als einen Schild gegen innere Unruhen sowohl als gegen Gewalt von außen gedacht hat; aber Ew. königliche Hoheit würden alsdann doch nur das, was einst mit der Zeit Ihnen und Ihrem Geschlechte zufallen soll, schützen. Zum Schlusse erlaube ich mir die unterthänige Frage, wer Ihnen größeres Vertrauen erweist: die verantwortlichen Rathgeber Sr. Majestät, die in der Annahme des Ew. königlichen Hohcit angebotenen Postens eine Sicherung für das Zusammenhalten der Monarchie sehen, eben weil sie auf Ew. königlichen Hoheit Loyalität und Unparteilichkeit bauen, — oder die unverantwortlichen privaten Zwischenläufer, die von der Aufstellung Ew. königlichen Hoheit eine Zersplitterung des Staats befürchten, weil sie von der für Ew. königlichen Hoheit Kopf und Herz gleich beleidigenden Voraussetzung ausgehen, daß Sie ein williges Werkzeug in den Händen illoyaler und aufrührerischer Schleswig-Holsteiner werden würden. Im Falle der Weigerung von Seiten Ew. königlichen

Hoheit wird die Verantwortlichkeit für die möglichen Folgen lediglich Ihnen zur Last fallen, während Sr. Majestät Regierung sich bewußt ist, Ihnen gegenüber ihre Pflicht erfüllt zu haben."

So schreibt der dänische Minister des Auswärtigen an seinen Schwager, welcher designirter Thronfolger ist. Herr von Blixen-Finecke ist ein Abenteurer, leichtsinnig und unzuverlässig, aber er hat mehr staatsmännischen Blick, als alle die Advokaten und Magister zusammengenommen, welche gegenwärtig das dänische Ministerium bilden. Aus dem vorstehenden Briefe mag man erkennen, wie es dem Protokollprinzen in Dänemark, wo man ihn für einen verkappten Schleswig-Holsteiner hält, an jedem sicheren Boden fehlt. Noch mehr ist das in Schleswig-Holstein der Fall, wo man ihn für eine Null hält, welcher später eine dänische Ziffer vorgesetzt werden soll.

Wichtiger und interessanter ist die Unumwundenheit, mit der Herr von Blixen-Finecke eine Revision des Londoner Traktats als möglich und wahrscheinlich in Aussicht stellt. Wenn selbst die Dänen sich dies nicht länger verhehlen können, so dürfen doch wir in Deutschland nicht an der Durchführung einer solchen Aufgabe verzweifeln. An einer Rechtsgrundlage fehlt es der neuen Thronfolgeordnung in Dänemark durchaus; von dieser Seite ist der Angriff so leicht wie möglich. Es handelt sich nur darum, diese Ueberzeugung zur europäischen Anerkennung zu bringen. Das ist lediglich eine Frage der Opportunität. Der Zeitpunkt der Aktion muß so gewählt werden, daß er die Bürgschaft des Erfolges gewährt. Beim Beginn des letzten orientalischen Krieges war ein solcher Zeitpunkt, wie er nicht günstiger gedacht werden kann. Er wurde versäumt, weil damals noch in Preußen dieselbe Unfähigkeit und Blindheit, welche den Londoner Traktat unterzeichnet hatte, an der Spitze stand. Aber solche Momente kehren wieder; es wird nur darauf ankommen, entschlossen die Gelegenheit beim Schopfe zu fassen.

Eins steht fest. Die schleswig-holsteinische Frage ist die Geschichte vom kranken Manne am Sund. Die Dänen sind die Türken des Nordens. Der Patient ist nicht mehr zu kuriren. Vor zehn Jahren wäre eine Erhaltung der dänischen Monarchie vielleicht noch möglich gewesen, jetzt nicht mehr. Die Brutalität und Nichtswürdigkeit der dänischen Politik hat jeden Gedanken daran unmöglich gemacht. Die Diplomaten, welche als Aerzte am dänischen Krankenlager stehen, haben es in der Hand, den Todeskampf zu verlängern. Aber ein guter Arzt weiß, daß in ganz hoffnungslosen Fällen seine Aufgabe nur noch sein kann, den Todeskampf zu erleichtern.

Das Ende des Kampfes kann nur die Auflösung der dänischen Monarchie sein. Die deutschen und die dänischen Bestandtheile derselben müssen sich von einander sondern. Was wir wünschen, ist nur die Auflösung einer unnatürlichen Verbindung; es ist weit verschieden von dem Untergang Dänemarks. Diesem kleinen Staat wünschen wir im Gegentheil jedes mögliche Gedeihen. Aber, wendet man uns in der Regel ein, das arme Königreich Dänemark kann ohne die Herzogthümer nicht existiren; es würde zu klein sein, um für sich bestehen zu können. Wäre dies richtig, so sehen wir doch nicht ein, weshalb die Herzogthümer dazu verurtheilt sein sollen, als ein Schemel für die dänische Scheingröße zu dienen. Aber ist es denn wirklich wahr, daß Dänemark nicht für sich allein existiren kann? Das Königreich würde, nachdem die Herzogthümer von demselben abgetrennt sind, etwa 1,700,000 Einwohner zählen. Das ist ungefähr die Einwohnerzahl des Königreichs Württemberg. Es ist nicht einzusehen, weshalb Dänemark nicht eben so gut sollte existiren können, wie Württemberg. Nur müssen die Dänen sich die Großmannssucht aus dem Kopfe schlagen. Sie müssen nicht mehr scheinen wollen, als sie sind. Die „fratzenhafte Eitelkeit" ist bekanntlich ihr alter Nationalfehler. Können sie sich davon frei machen und sich bescheiden, ihren Verhältnissen gemäß, einrichten, so wird es schon gehen.

Wenn es aber dennoch richtig wäre, daß Dänemark ohne die Herzogthümer nicht als selbständiger Staat bestehen kann? Im Jahre 1813, als es sich darum handelte, Norwegen an Schweden abzutreten, wurde von vielen Seiten behauptet, Dänemark könne ohne Norwegen nicht bestehen. Damals meinte Graf Münster: Pourquoi ce royaume ne cesserait-il d'exister? Daſſelbe können wir jetzt auf eine gleiche Einwendung antworten. Warum iſt es nothwendig, daß Dänemark exiſtire?

Ein altes Vorurtheil behauptet, daß Dänemark als der „Hüter am Sunde“ für das europäiſche Gleichgewicht nothwendig ſei. Iſt damit gemeint, daß Dänemark die Einfahrt in den Sund beherrſcht, ſo iſt das nicht richtig. Am 30. März 1801 hat die engliſche Flotte unter Sir Hyde Parker und Nelſon die Durchfahrt durch den Sund erzwungen. Vergeblich eröffnete das Schloß Kronenburg aus mehr als hundert Kanonen ein heftiges Feuer gegen die engliſchen Schiffe. Dieſe litten nur geringen Schaden, und die engliſchen Ma= troſen ſpotteten über die wirkungsloſen Anſtrengungen der Dänen.

Gerade umgekehrt lautet ein anderer Einwand: es liege im In= tereſſe Europa's, daß nicht beide Küſten des Sundes ſich in der Hand einer Regierung befinden; denn dieſe werde dadurch in den Stand geſetzt, die Einfahrt in die Oſtſee zu ſperren. Auch dies iſt ein Irrthum. Es mag ſein, daß eine Macht, welche zugleich Helſingborg und Helſingör beſitzt, im Stande iſt, den Sund zu ſperren. Aber der Sund iſt nicht die einzige Straße in die Oſtſee; er iſt nicht einmal mehr die wichtigſte. Das Vorurtheil, welches früher gegen die Durchfahrt durch den großen Belt herrſchte, hat ſich als unbe= gründet erwieſen. In den Jahren 1854 und 1855 ſind die Flotten Englands und Frankreichs, welche in die Oſtſee geſchickt wurden, regelmäßig durch den großen Belt gegangen, nicht durch den Sund. Der große Belt aber iſt ſo breit, daß er von den Küſten aus nicht geſperrt werden kann. Die Bedeutung des Sundes iſt dadurch eine weit geringere geworden. Mögen die beiden Küſten deſſelben ſich in der Hand zweier Regierungen oder einer Regierung befinden, die Freiheit der Einfahrt in die Oſtſee iſt davon nicht abhängig. Die Herrſchaft des Sundes macht die Oſtſee nicht zu einem geſchloſ= ſenen Meer.

In Wirklichkeit liegt die Gefahr für die Freiheit der Oſtſee an einer ganz anderen Stelle, als in den ſkandinaviſchen Staaten. Sie

liegt in dem unüberwindlichen Drang Rußlands, auf der Ostsee vor=
wärts zu schreiten. Rußland ist von Moskau nach Petersburg, von
Petersburg nach Finnland, nach den Alandsinseln vorgedrungen.
Rußland hat seinen Blick auf Bornholm gerichtet und wird ihn auf
Kopenhagen richten. Kopenhagen ist sein Konstantinopel des Nordens.
Es wird nicht ruhen, als bis es hier feststeht, nicht weil es dies will,
sondern weil es nicht anders kann. Wer von dem Leben der Staa=
ten redet, muß nach Menschenaltern rechnen. Es macht daher keinen
Unterschied, daß die Beschäftigung mit den innern Reformen gegen=
wärtig eine Pause in der expansiven Tendenz Rußlands veranlaßt hat.

Dies ist der Grund, weshalb eine Stärkung Dänemarks im
europäischen Interesse wünschenswerth ist. Nur muß man die ver=
nünftigen Mittel zu einer solchen Stärkung anwenden. Die Verbin=
dung mit Schleswig=Holstein aber ist nichts als eine Schwächung
Dänemarks; denn sie zwingt dies Land, seine besten Kräfte in einem
unaufhörlichen inneren Kriege aufzureiben. Die Herstellung einer
selbständigen Macht am Sunde, die Ausgleichung aller streitenden
Interessen ist allein dadurch möglich, daß durch die Vereinigung des
eigentlichen Königreichs Dänemark mit Schweden und Norwegen ein
Skandinavien konstituirt werde, das mächtig genug ist, sich von Ruß=
land, Deutschland und England unabhängig zu erhalten, ohne doch
so mächtig zu sein, daß es einem von diesen Staaten gefährlich wer=
den könnte.

In der That wird dies erreicht durch die skandinavische Union,
auf welche auch von einer anderen Seite her die Geschichte des Nor=
dens hinweist. Die mächtigste Strömung, welche gegenwärtig durch
die europäische Welt geht, ist die nationale; es ist das Streben der
verschiedenen Stämme einer Nationalität, sich zu einem großen Gan=
zen zusammenzuschließen. Auch die nordischen Völker sind von dieser
Strömung mächtig ergriffen, und nicht allein die Völker, auch die
beiden Könige — Karl XV. und Friedrich VII. — sind skandi=
navisch gesinnt. Im Juni 1860 machte Friedrich VII. dem schwe=
dischen König einen Besuch in dem Lager bei Bonarp in Schonen.

4

Auch der Protokollprinz war im Gefolge des dänischen Königs.
Aber dieser, welcher sich bekanntlich durch eine derbe und offene Natur
auszeichnete, legte sich deshalb keinen Zwang an. Man erzählt sich,
daß er an offener Tafel einen Toast auf Karl XV. ausbrachte und
dabei den Wunsch aussprach, dieser möge sein Nachfolger in Däne=
mark werden.

Wir können uns mit voller Ueberzeugung diesem Wunsch des
dänischen Königs anschließen. Der skandinavische Gedanke an und
für sich ist gesund, und er beherrscht die Zukunft des Nordens. Deutsch=
land hat keine Ursache, sich gegen diesen Gedanken feindlich zu stellen.
Ein unter Preußens Leitung geeinigtes Deutschland würde in dem
skandinavisch geeinigten Norden den besten und natürlichsten Bundes=
genossen finden. Aber man darf nicht das Eiderprogramm mit der
skandinavischen Idee verwechseln. Das Eiderprogramm ist nichts
als eine Verzerrung und Verunstaltung der skandinavischen Idee; es
streitet gegen die Natur und die Geschichte. Mit dem Eiderprogramm
können wir niemals Frieden schließen. Was gesund ist an der skan=
dinavischen Idee, beruht auf dem Prinzip der nationalen Staaten=
bildung. Aber die Grenze zwischen deutscher und skandinavischer
Nationalität läuft nicht im Süden, sondern im Norden Schleswigs.

Eduard Haenel Buchdruckerei in Berlin.

Der

Londoner Traktat

vom 8. Mai 1852.

Von

Dr. Karl Lorentzen.

Berlin.

Verlag von J. Guttentag.

1863.

Eduard Hamel's Buchdruckerei in Berlin.